KB058403

대한민국 진실

교육을 말하다

대한민국 진실

교육을 말하다

김동훈 지음

21세기북스

들 어 가 는 말

'약탈적' 교육 체제

정치학에서 국가의 본질을 설명하는 이론 가운데 이른바 '약탈 국가'(predatory state)라는 것이 있다. 국가는 일종의 제도화된 약탈 기구로서 지배층이 피지배층의 자원과 노동력을 약탈하는 것을 정당화하는 기제라는 설명이다. 필자는 이 '약탈'의 개념을 우리 교육에 접목시켜 우리 교육을 한마디로 '약탈적 교육 체제'라고 명명하려 한다. 우리 교육이 어떤 점에서 약탈적 성격을 지닌다는 것일까?

우선 경제적 측면에서 보면, 모든 가계가 가혹한 사교육비 지출에 고통 받고 있다. 조선 시대 말의 가렴주구(苛斂誅求)보다 덜하지 않다. 공식적인 국가의 공교육비를 훨씬 상회하는 사교육비 때문에 각 가계는 매우 기형적으로 운영되고 있다. 부부의 노후를 위한 장기적인 대책은 엄두도 내지 못하고, 문화 활동비 등 인간적인 생활을 위한 지출을 포기해야 한다. 모든 가계가 있으면 있는 대로, 없으면 바닥을 긁어서라도 사교육비를 지출하고 있다. 사교육을 위한 가계 지출은 자발적인 듯 보이지만 실은 반강제적이다. 수입이 줄어 아이들을 학원에 보내지 못하는 것을 가장 가슴 아프게 여길 정도로 사교육비 지출은 부모의 절대적인 의무가 되었다. 사교육비 지출은 군비 경쟁과 마찬가지다. 갈수록 고비용의 사교육이 등장하고 또 능력이 되는 대로 이를 추종해나가면서 걷잡을 수 없이 그 총량이 증대해왔다. 한국의 대다수 가정에서 이루어지는 허리 휘는 사교육비 지출은 단지 한국의 학부모라는 이유만으로 빼앗길 수밖에 없고 당할 수밖에 없는 소비성 지출이다. 모든 약탈적 체제가 그러하듯이 약탈이란 항상 피약탈자의 상황을 극한까지로 몰아간다. 사교육비 지출이라는 약탈 현상은 우리 가계가 어디까지 견딜 수 있는가를 시험하는 수준이다.

경제적으로 일어나는 약탈 현상은 사교육업자와 학부모와의 관계 속에서만 나타나는 것이 아니다. 특히 갈수록 인상되는 대학등록금이 문제의 중심에 있다. 한국 사회에서 대학교육은 대중화의 수준을 넘어 '사람이 되기 위해' 거쳐야 하는 필수교육이 되어 84%의 고등교육 진학률을 기록하고 있다. 이제 대부분의 학부모는 자식들이 20대 초중반의 나이가 될 때까지 자식들의 대학등록금을 감당해야 한다. 여러 자녀를 둔 경우에 등록금 조달은 더욱 감당키 어려운 부담이 되므로 한 자녀가 다니는 동안 다른 자녀가 휴학을 하는 경우도 비일비재하다. 과거에는 소를 팔아 등록금을 댄다하여 '우골탑'이라 하였는데 요즈음은 무엇을 팔아야 하나. 그리고 등록금을 자비로 조달해야 하는 어려운 가정의 학생들은 등록금 조달을 하려면 '몸으로 때워야' 한다. 편의점이나 식당 등에서 아르바이트를 해야 하고 휴학까지 하면서 노가다를 뛰기도 한다. 비전도 없는 대학 졸업장의 획득을 위해 우리 청년들이 마지막 땀방울까지 쥐어 짜이는 고통을 당하고 있다. 또 아쉬운 대로 학자금 대출 등을 받아보지만 연 5~6%가 넘는 고율의 이자는 우리 청년들이 감당키 어려운 빚더미를 지고 대학문을 나서도록 하고 있다. 졸업하고 나서 변변한 직장이 없는 경우에도 이 빚을 갚기 위해 역시 젊음을 소진해야 한다.

약탈의 심중성은 경제적 측면보다도 정신적 · 문화적 측면에서 더 심각하고 후유증도 오래간다. 자라나는 청소년들에게 본래 잠재되어 있을 창의력, 호기심, 탐구력 등으로 나타날 수 있는, 어느 조상님이 '대나무가 솟아나는 기세와 같다'고 하신 그들의 지적 에너지가 약탈적 교육 체제에서는 입시대비 시험공부라는 문제유형학에 오로지 바쳐진다. 대학입시라는 정점을 향해 갈수록 그 강도는 더 높아지게 되어 있으므로, 마지막 1~2년은 인내력의 한계를 실험하는 폭압적 시험공부에 진이 빠진다. 아침 7시에 등교해 정규 수업에 야간 자율 수업에 독서실과 학원에 그리고 집에서 새벽 2시까지 복습에 더구나 방학도 휴일도 없이 몰아치는 이 끔찍한 지옥불 과정을 통과하고 난 대부분의 청소년은 이른바 '소진(消盡) 효과' 때문에 더 이상의 고급 지력을 발휘할 기력을 잃고 만다. 마치 광맥이 바닥난 광산과 같다. 특히 이른바 우등생일수록 재수나 삼수 등의 과정을 거치는 기회가 많은데, 이를 통해 이들은 지적 호기심의 광맥에서 바위 속에 숨겨진 것 까지 다 파헤쳐지고 회복하기 어려운 상태가 되는 경우가 많다. 대학입학은 인생의 완성이 되고, 그럴수록 대학 간판을 신주단지 모시듯 하게 되며, 대학 간판에 의지해 그 덕이라도 보려고 하는 퇴행적 인간상이 형성된다.

때문에 필자는 우리의 교육 체제를 '약탈적'이라 부르는 데 주저함이 없다. 우리 사회의 명문대학이라는 것은 이러한 약탈 체제의 집행 기구이다. 그리고 그 뒤에는 이러한 약탈 체제를 엄호하는 사유화된 국가 체제가 있다. 어떤 물리적이고 강압적인 기구가 동원되는 것도 아닌데, 이러한 약탈 체제가 구성원들의 자발적인 동의하에 운영되고 확대되어가고 더욱 극렬해져 간다는 것은 참으로 신기한 일이다. 이러한 약탈 체제를 벗어나려면 구성원들 즉 약탈 체제의 피약탈자들이 우리의 교육 체제가 하나의 약탈 체제임을 인식하는 데에서 출발해야 하지 않을까? 왜 이러한 약탈이 합법적으로 일어나는지, 또 이러한 약탈을 정당화시키는 논리와 사상은 무엇인지를 알아야 할 것이며, 무엇보다 이러한 약탈 체제에 대한 분노와 이를 거부하고자 하는 주인의식이 필요할 것이다. 이 책은 그것을 위한 작은 시도이다.

대한민국 교육의 자화상

일간신문의 교육란을 조금만 검색해보면 교육과 관련한 특이하거나 황당한 또는 목불인견의 뉴스들이 끊이지 않는다. 그 중 상당수는 예컨대 외국인의 입장에서는 도저히 이해되지 않는 매우 특유한 한국적 현상들일 것이다. 물론 이 경우 '특유한'이라는 표현은 부정적인 평가를 수반한다. 왜냐하면 그것은 관련되는 많은 사람들에게 기쁨, 감동, 격려보다는 분노와 회의와 피곤함을 안겨주는 것이 보통이기 때문이다. 근래에 프랑스 출신의 방송인 이다도시가 출간한 한국에 관한 책에서 역시 한국에서 겪는 교육문제에 대해 당혹하고 답답한 느낌을 토로하고 있다. 한번 들어보는 것이 좋겠다.

"한국 아이들은 아주 어릴 때부터 학교 수업 이외에도 이것저것 배우는 것이 많다. 이것이 바로 '교육열'이라는 것이다. 모든 것은 입시 위주고 암기가 대부분이다. 세계 어린이들의 창의력에 대해 연구하는 어느 교수가 한국에서 실행한 테스트 결과는 시사하는 바가 크다. 이 교수는 열 살 이상의 어린아이들로 구성된 작은 그룹에 100년 후 우리가 살게 될 세상을 그려보라고 했다. 주제를 들은 아이들은 한동안 당황해서 그림 그리기를 망설이며 좀 더 구체적인 설명을 기다렸다. 교수는 주제를 다시 말해주고 몇 가지 예를 들어줬다. '달나라에 살 수도 있고, 바닷속에서 살 수도 있겠죠? 지금은 아무도 몰라요. 여러분 마음껏 한번 상상해 보세요.' 완성된 그림 중 여덟 개는 '바닷속 세상'이었고, 열네 개는 '달나라 혹은 우주 세계'였다. 아이들은 주어진 예 외에는 아무것도 상상하지 못했거나 아니면 상상할 엄두를 내지 못했다. 한국 아이들은

'틀'에 박힌 교육을 받고 '천편일률적'으로 양성된다. 결국 아이들의 상식은 넓지만 깊이 있게 배운 것은 아무 것도 없다. 고등학교를 마칠 때까지 아이들은 엄청난 스트레스에 시달린다. 한국 최고의 명문 대학 중 한 곳에 들어가는 행운을 잡기만 한다면 평생 '엘리트'라는 수식어가 따라붙는다. 대학 성적은 크게 상관없다. 어차피 졸업장은 받게 되어 있다. 이 졸업장 하나가 얼마나 비싼지……! 모두가 이런 편파적이고 비효율적인 교육시스템에 불평을 토로한다. 어린 학생은 지쳐 의욕을 상실하고, 부모는 부모대로 가계 예산에서 교육비가 차지하는 부담에 짓눌린다. 국민들의 불만이 머리끝까지 찼지만, 인생의 소용돌이 속에 지금으로써는 선택이 없다. 내키지 않지만 그냥 계속 나아간다. 교육을 위해 이민 가는 사람들도 많다. 전 국민이 두통을 앓고 있다. 이렇게 불만족스러운 교육제도 역시 한국의 다른 모든 것처럼 언젠가 분명 바뀔 것이다. 하지만 변화의 속도는 다른 분야만큼 빠르지는 못할 것이다."

(이다도시, 《한국, 수다로 풀다》, 2007)

어떠한가. 우리 교육의 모습을 거울처럼 드러내고 있지 않은가. 이다도시의 말대로 언젠가는 바뀌겠지만 희생이 너무 크다. 이 책이 이러한 변화를 조금이나마 앞당기는 촉매가 될 수 있다면 얼마나 좋을까.

한국적 교육의 특유함에서 감지되는 첫번째 느낌은 너무 극단적이라는 것이다. 또 열기가 너무 과열되어 있다는 것이다. 이른바 '교육열'이 문제다. 마치 자동차가 과속으로 달려 계기판의 회전수가 이미 레드존에 올라가 있는 듯, 언제 폭발할지 모르는 불안감과 긴장감을 안겨준다. 목적지가 어디인지 또 왜 속도의 한계에 도전하며 달려야 하는지는 잘 모르면서 사회 전체가 거대한 열기에 휩싸인 듯하다. 그리고 이 구성체에서 벗어나지 않는 한 그 열기에 전염되지 않는 것도 쉽지 않다.

이러한 극단적 경쟁과 열기의 대표적 예는 누구나 지적하는 대학 입학 경쟁이다. 대학이 상당히 평준화 되어 있는 유럽의 나라들을 제외하면 대학에 우열이 있고 더 나은 평판을 받는 대학에 진학하기 위한 경쟁과 그에 따른 학생이나 학부모의 스트레스가 있는 것은 다른 나라에서도 일반적인 현상이지만 우리의 경우는 그 정도가 너무나 심하다. 청소년들 심지어는 초등학생까지 성적의 압력을 못 이겨 자살하는 일이 심심치 않게 발생하는 것이 문명국가에서 일어날 수 있는 일인가? 창살 없는 감옥살이를 방불케 하는 기숙형 재수학원의 광고가 일간신문의 일면 광고란을 도배하는 것은 어떠한가. 밤 12시에 학생을 실어 나르기 위해 대기하고 있는 버스들로 불야성을 이루고 있는 학원밀집가의 모습은 어떠한가. 수없이 들 수 있는 이러한 비정상정인 과열된 행태는 이해될 수도 없고 용납되기도 힘들다. 우리 사회 전체가 매우 비정상적인 열기에 휩쓸려있고 일종의 장기적 흥분상태에 머물러있다고 볼 수 있다.

카페인을 과다섭취한 후의 흥분 상태처럼 안절부절 못하고 불안정한 모습은 주의력 결핍에 걸린 마냥 병적인 정신 상태에 있는 듯하다. 극단과 과격이라는 것은 이른바 교육적 가치와는 상극의 관계다. 심신을 안정시키고 차분하게 생각을 가다듬고 모든 것을 균형감 있게 생각하고 주체적으로 판단하는 능력을 기르는 것이 교육의 본령일진대, 이러한 극단과 과열은 우리 사회의 병리 상태가 표출된 것이고 그 정도가 중증이라는 것을 말하고 있다.

둘째는 우리의 교육이 매우 비인간적이라는 점이다. 달리 말하면 인간에 대한 존엄과 가치에 대한 숙고와는 거리가 멀고 매우 기계적이고 도구적인 인간관에 기초해 있다는 것이다. 조금 강하게 표현하면 일종의 유물론적 사고에 의지하고 있는 것 같다. 징병제를 채택하고 있는 우리나라 군대에서 '사람이 사람값을 못 받고 있다'는 말이 나오듯이, 현재의 교육체제에서는 교육의 대상인 우리의 청소년들이 전혀 인격적 주체로서의 대접을 받지 못하고 있다. 대부분의 고등학교에서는 학생들이 성적 향상과 대입 성적을 통해 학교의 위상을 높여야 할 대상물로 전락했다. 불과 5%의 공부 잘하는 아이들을 위하여 나머지 95% 아이들은 기쁨조의 역할을 하고 있을 뿐이다. 입시철마다 나붙은 각 고등학교의 대학 입학자 축하 플래카드는 이미 식상할 지경이다. 얼마 전 동네를 지나다 고등학교 앞에 또 '축 아무개 서울대 합격' 플래카드가 붙어있기에 학교 교무실로 전화해서 항의 전화를 했더니, 교무실장은 억울하다는 목소리로 '그래도 우리 학교는 제일 나중에 붙인 거라고요'하는 것이다. 또한 강제적 야간자율학습 등을 통해, 또 끝없이 이어지는 학원 순례 등을 통해 아이들은 교육이 아니라 '사육'되고 있다고 하는 것이 정확하리라. 제대로 눕기도 어려운 쇠창살 안에서 하루 종일 갇혀 사료만 먹으며 근수 늘리기에 초점이 맞춰진 축산 농가의 돼지들과 무엇이 다른가. 뉴스에서 보니 갇혀서 사육되는 돼지들이 비명을 지르고 쇠창살을 갈아대는 이상행동을 보이던데, 우리 청소년들이 벌인 졸업식 폭력사태와 같은 예측불허의 이상행동은 이와 닮아있다.

또 한 사회의 정신적 가치의 지주라고 할 수 있는 대학들은 어떠한가. 그들도 학생들 즉 수험생들을 자기 학교의 커트라인을 높여줄 '수능 점수'로 보거나, '특목고 출신'이라는 상표가 붙은 상품 정도로 밖에 생각지 않는 듯하다. 성적과 석차를 향한 우리의 치열한 교육 경쟁은 과격한 표현으로 '집단적 자해행위'이다. 유인종 전 서울시 교육감이 말한 것처럼 '아이들을 소싸움 시키고 어른들이 지켜보는' 도박성 게임인지도 모른다. 교육의 대상인 아이들의 인격에 대한 애정도 없고 교육이 어떠한 인재를 양성할 것인가에 대한 관점도 없다.

한 사회의 인권의 척도는 특히 사회적 약자에 대한 배려에서 잘 나타난다. 그런 의미에서 자아가 형성되어가는 청소년들을 그 사회가 어떻게 배려하는가는 그 사회의 성숙도를 나타내는 바로미터다. 모든 것을 떠나 가장 감수성이 예민한 시기의 청소년들을 이렇게 무지막지하게 쇠창살 안의 돼지처럼 취급하는 사회라면 어떠한 희망을 볼 수 있는 것일까. 비인간적이고 반인권적인 모습이 횡행하는 교육 현실은 교육적 가치가 완전히 실종된 모습을 보여준다.

셋째로 우리 교육의 현장의 이슈들을 보면 한마디로 진부하다. 몇 십년 전의 레코드판이 그대로 돌고 있는 느낌이다. 사회는 세상은 정신없이 변하고 있는데, 교육 현장은 여전히 내가 학생이었던 시절의 사고,

조금 어려운 용어로 낡은 패러다임이 그대로 유지되고 있다. 우선 '서울대' 타령은 더 이상 듣기도 지겹다. 언론마다 고교별 서울대 합격생이 몇 명이니 하는 보도를 특종처럼 떠들어대는 소리도 듣기 지겹고, 아버지 병시중을 들며 독학으로 서울대에 입학한 학생의 소식도 지겹고, '서울 지역 서울대 합격자 41% 강남구 출신'이니 '서울대 합격생 배출 고교 1,000고 첫 돌파'니, 아무개 연예인이 서울대 출신이니 하는 서울대라는 브랜드를 값싸게 팔아대는 각종 언론의 상업성에 염증이 난다. 사교육 즉 과외를 둘러싼 숨바꼭질 모습도 여전하다. 학원 불법운영 신고 포상금, 이른바 '학파라치' 상금이 시행 반 년 만에 15억을 넘었다는 웃지도 울지도 못할 뉴스를 보니, 필자의 학창시절 과외금지령이 횡행했던 것이 생각난다. 심지어는 입학 면접에서 사교육 경험 유무를 표시토록 한다는 발상까지 참으로 가지가지다. 근본적으로 아직도 대학 입시를 유일한 축으로 교육 현장이 돌아가고 있는 모습이 너무나 진부하다.

진부함이란 변화에 무감각하고 사고가 창의적이지 못하고 정체되어 있다는 뜻이다. 이는 적응력, 창의력을 기르는 교육적 활동과는 역시 정면으로 배치되는 정신구조다. 저마다 입맛이 다른 수십만의 손님에게 그저 배고플 때 먹던 강냉이빵만을 주면서 먹으라고 강요하고 있다. 눈살을 찌푸리며 억지로 먹으면서 그들의 다양한 입맛은 퇴화되고 시야는 좁아지고 사고는 편협해져 나중에 넓은 세상에서 산해진미를 만나서도 강냉이빵만 찾는 인간상을 만들어내는 것은 아닌가.

결국 극단적이고 비인간적이고 진부한 우리의 교육 현실과 담론은 우리의 교육의 패러다임이 너무나 낡았다는 것을 말해줄 뿐이다. 빠르게 변화하는 세상에서 기성세대들이 청소년들을 볼모로 잡고 그를 매개로 학부모들까지 볼모로 잡아 서로가 서로에게 볼모가 되어 교육이라는 기만적인 외피 하에서 케케묵은 축음기를 돌리고 있다. 이러한 시스템에서 장차 우리 사회를 업그레이드할 수 있는 많은 창의적인 인재들은 주역이 되지 못하고 변방으로 밀려나가고, 체제 순응적이고 변화에 대한 두려움이 많은 유약한 인재들이 우리 사회의 책임을 맡는 지위를 이어받아가고 있다.

교육 환경이 변화하고 있다

우리의 교육 담론과 교육 현실이 이처럼 낡아빠진 것은 교육을 둘러싼 변화하는 사회 환경에 적응하지 못하고 퇴화함으로써 생기는 기형적인 현상이다. 필자가 주목하는 교육 환경의 주요한 변화는 이렇다.

첫째는 청년실업의 만성화다. 청년실업 문제는 경제침체로 인해 더욱 심각해지는 부분도 있지만 한국 사회의 경제 성장 단계가 이제 정체기에 들어섬에 따른 피할 수 없는 현상이다. 사실 해방 이후 한국 경제 성장의 고속화에 한국 사회의 뜨거운 교육열이 매우 중요한 역할을 했다는 것은 많은 사람들이 인정하고 있다. 우리 부모 세대가 자신의 끼니를 거르더라도 아이들 책가방을 놓게 해서는 안 된다는 사명을 거의 신성불가침의 것으로 인식하고 몸부림치지 않았던가. 자기 몸을 불사르는 이러한 교육열의 배후에는 이른바 '교육 출세론'이 자리 잡고 있다. 사회에서 출세하기 위해서는, 비록 거창한 출세는 아니어도 안정된 직장이라도 얻기 위해서는 교육을 받아야 한다는 것이다. 즉 최고 학부인 대학, 그것도 가능하면 서열이 높은 대학에 자리를 얻는 것이 대한민국에서 투자효율 내지 성공 가능성이 가장 높은 투자 수단이라고 인식되어 왔던 것이다. 사실 1970-1980년대를 거쳐 1990년대 중반까지만 해도 이러한 '교육 출세론'은 대체적으로 현실에 기반을 둔 주장이 될 수 있었다. 필자의 경우만 해도 끼니를 걱정하는 빈한한 가정에서 자라났고 학업을 중단할 위기를 여러 차례 겪었다. 우여곡절 끝에 대학에 진학했고 장학금을 받으며 공부해 오늘에는 대학 교수로서 중산층의 삶을 누리고 있다. 대학 동기들이나 고등학교 친구들도 대학을 졸업하고 나면 웬만한 직장에 다들 취업을 해서 대부분 안정된 직장 생활을 해오고 있다. 이제 서서히 은퇴 걱정을 하는 나이에 접어들기는 했지만 말이다.

대략 1997년 외환위기, 이른바 'IMF 사태'를 겪으면서 한국 사회의 유례없었던 고성장의 시대는 끝나가고 저성장기 내지 조정기를 거치게 됐다. 이 기간을 거치며 실업 특히 청년실업 문제가 본격화되기 시작했다. 대개 그 이전까지는 내가 속한 대학의 학과에서도 졸업예정자들을 대상으로 진로 내지 취업 리스트를 만들어 누가 어느 직장에 취업했는가를 교수들에게 알려주곤 했다. 그러다 리스트의 내용이 점점 빈약해지더니 어느 해 부턴가는 그런 통계 자체가 없어졌다. 지금은 졸업하고 나서 이렇다 할 정규직에 취업하는 것 자체가 매우 드문 현상이 됐다. 해마다 수백 명의 졸업생들에게 값싼 졸업장 하나 쥐어주고 북풍한설에 내치는 것 같아 졸업식에도 참석할 염치가 없어졌다. 필자도 대학을 졸업하고 진로를 고민하면서 소속 없이 몇 달간 취업을 알아보던 시기가 있었다. 그 때의 불안감과 두려움이 아직도 기억 어딘가에 남아있는 듯한데, 만나면 방긋거리며 인사하던 학생들의 얼굴에 학년이 올라갈수록 어두운 그림자가 스치는 것을 느낄 때마다 마음이 무겁다.

게다가 청년실업이라는 시대적 흐름의 위세 앞에서 이제 '학교 브랜드' 가 대학의 '백수 양산'에 가져오는 차이는 썩 크지 않은 것 같다. 졸업 시즌에 유수한 대학을 방문해서 캠퍼스 도처에 매달린 플래카드를 보니, 학과나 동아리의 후배들이 선배가 은행이나 공사 등에 취직했다고 축하하는 내용이었다. 이를 보며 청년실업의 현장을 체감할 수 있었다. 은행에 취직한 것이 선망 받는 대학의 인기 학과에서 플래카드를 내걸어 축하할 정도이니 더 이상 무엇을 말하겠는가. 어느 분은 이렇게 말한다.

"갈수록 분명해지는 게 있다. 내가 학생이던 20년 전에는 배치표의 적도 선상에만 자리 잡아도 먹고살 만했지만, 이제는 이 배치표의 꼭대기에서도 안심을 할 수 없게 되었다는 사실. 취직이 안 되는 것이다. 이제 초 · 중 · 고 12년에 대학 4년, 청춘의 마지막 한 방울까지 쥐어짜내던 이 악마적인 체제가 극단적으로 강화되거나, 와르르 무너지거나 하는 두 개의 가능성 앞에 놓이게 된 것이다. 여러 입장이 있겠지만, 나는 후자로 귀결되리라 예측한다. 나는 이 국면을 이 모든 파행들의 물질적 바탕이 되어 주었던 '경제 성장'이 더 이상 가능하지 않음으로써 생겨나는 아주 현대적이고 구조적인 상황으로 이해하기 때문이다. 이제, 배치표 한 장으로 집약되는 이 화탕지옥에도 서서히 끝이 보인다."

(이계삼, "'배치표' 단상", 〈한겨레〉 2009.9.12.)

'교육 출세론'은 점점 그 근거를 잃어가고 있다. 이른바 투자대비 효율로 따져볼 때, 그 장구한 세월동안 막대한 물질적 정신적 투자를 해 지옥 같은 사교육을 넘어 뜻한 대로 웬만한 브랜드의 대학 졸업장을 거머쥔다 해도 별로 남는 것이 없는 밑지는 장사가 될 확률이 높다는 것이다. 그래서 중학생 막둥이를 둔 필자의 친구는 술자리에서 진지하게 고민을 털어놓는다. 이 아이에게 계속해서 엄청난 사교육비를 들여가며 닦달해 대학공부까지 시켜야 하는 건지, 아니면 편안하게 지내면서 그 돈을 모아 아이에게 사업자금으로나 물려주는 것이 더 나은 선택이 아닌지 말이다. 물론 그 친구는 그러면서도 전자의 선택으로 갈 확률이 높을 것이다.

사실 이러한 현실을 누구나 잘 알면서도 사실은 아무도 공개적으로 말하고자 하지 않는다. 사실이 그렇다 해도 이 궤도를 벗어나기에는 사회적 인식과 관행의 압력이 너무나 크고 견고하기 때문이다. 그리고 이러한 인식을 사회의 주도세력은 계속해서 강화하려고 한다. 철학자 김진석 교수가 '대졸자 과잉 주류사회'라고 표현했듯이 최소한 대학을 나와야 이 사회에서 사람으로 대접받을 수 있다는 사실, 또 가능한 한 서열이 높은 대학을 나와야 그 서열에 맞는 대우와 유무형의 음덕을 입는다는 사실을 끊임없이 주지시킨다. 학벌주의라고 불리기도 하는 이러한 현상을 비판하는 목소리들에도 그 바탕에는 이러한 현실에 대한 체념적 자세가 배어있는 듯하다.

이러한 낡은 사고를 유지하려는 일차적 본거지는 역시 유수한 대학들이다. 이것은 이들의 생존 및 위상과 관련된 것이기에 더욱 그러하다. 졸업 이후의 냉정한 현실을 밝히고 맹목적인 경쟁 열기를 식혀야 할 책임이 있는 집단이라고 생각되지만, 오히려 이들은 이러한 경쟁의 압력이 높아질수록 주가가 높아지는 구조 하에서 끊임없이 '대학 만능' 이데올로기를 주입한다. 각종 장밋빛 미래를 약속하는 미사여구로 가득 찬 대학의 전면 신문 광고들이 입시철이 되면 언론의 가장 큰 광고시장이 된다.

그러나 진실을 언제까지나 가릴 수는 없을 것이다. 이제 대학이 취업과는 별 관계가 없다는 인식이 점차로 확산되고 있다. 이제 대학 졸업장이 실제로 보장해주는 경제적 이익보다는 단순한 신분적 징표로서의 외피만 겨우 남아있는 것처럼 보인다. 해방 후 60년, 아니 그 전 일제 강점기부터 형성된 서열 관념에 따라 천하제일의 대학 서울대는 성골이요, 그 밑의 명문 사립대는 진골 하는 식의 관념 말이다. 아직도 일선 진학현장에서는 학생에게 한가한 전공 타령보다는 우선 '브랜드'에 따른 대학 선택을 강요하는 일이 다반사라고 한다. 그러나 갈수록 어려워지는 취업 현실에서 안정된 직장에 대한 희구는 조만간 이런 허깨비 같은 학벌 관념을 무너뜨릴 것으로 보인다. 이미 의 · 약 계열이나 교육대학 같은 보장된 직장을 약속하는 전공은 학벌 관념을 가볍게 넘어선지 오래다. 이제 '간판이 밥 먹여주냐'라는 말이 먹히는 환경이 급격하게 다가오고 있다. 이런 환경에서 명목상의 브랜드를 덧입는 것이 상당히 실속없는 일이라는 인식이 확산될 것이다. 이런 인식이 어떤 임계치에 이르면 우리의 교육 판도에 어떠한 변화가 일어날 지 알 수 없는 일이다.

교육 환경의 중요한 두번째 변화는 인재상의 변화다. 교육에서 운운하는 인성은 차치하고서라도 유능한 인재, 구체적으로는 사회 혹은 기업 즉 수요자가 필요로 하는 인재상이 급속히 바뀌고 있다는 점이다. 사실 일찍부터 기업들은 적어도 겉으로는 자신들의 인재상에 대해 매우 진취적이고 실용적인 입장을 밝혀왔다. 취업철마다 인사 담당자들이 밝히는 인재의 자질은 대체로 도전 의식, 문제 해결 능력, 책임감, 창의성, 협동능력, 리더십 등등 어찌 보면 말잔치 같기도 하다. 물론 그러면서도 정작 신입 사원을 선발할 때 출신 대학에 따라 차등 점수를 배정하는 등 구태의연한 모습이 알려지기도 하였다. 하지만 분명한 것은 1970-1980년대 한국 사회가 이른바 메이저대학 출신들을 유달리 선호하던 모습은 이미 극복된 지 오래라는 점이다. 당시 한국 사회의 고도성장기에는 기업이 정부와 비교적 유착되어 있었고 이른바 인맥이 중요시 여겨지던 상황이었다. 이제 어려운 기업 환경 하에서 기업 인사 선발의 일차적 관심은 들어와서 얼마나 '월급값'을 할 것인가, 즉 얼마나 회사에 이익을 가져올 것인가에 있다. 물론 인재 선발에 대한 기업의 노하우나 투자의 부족 등으로 학벌과 '스펙' 등을 통해 사원을 뽑는 행태가 있기는 하지만 이는 빠르게 극복되고 있다. 삼성이나 LG 등 글로벌 기업에서는 사원들의 출신 대학 등을 거론하는 것 자체를 상당히 터부시하고 있다고 한다. 2010년 삼성전자의 13명 사장단 중 이른바 'SKY' 출신은 절반도 채 되지 않는다고 한다. 또 SKT라는 기업은 그간 학벌이나 스펙이 업무 능력이나 성과로 이어지지 않는 경우가 많다는 인식 하에 이른바 '온실형 인재'가 아니라 '야생형 인재'를 찾는다며 새로운 방식의 인재 선발을 시험적으로 도입해 화제가 된 바 있다. 또 포스코나 CJ 등의 대기업에서도 스펙 위주의 선발이 갖는 한계를 인식하고 인턴 과정을 통해 실질적 업무능력과 인간됨 등을 살펴보는 방식으로 공채 인원 전부를 선발하고자 애쓰고 있다.

이처럼 기업이 원하는 인재상이 변화하는 데 비해, 우리 교육 시스템이 배양하는 인재상은 여전히 구태의연하고, 교육학적 용어를 빌리면 이른바 '일반지능'에 대한 맹신에 기초하고 있다. 일반지능에 대한 맹신을 나름대로 풀이하면 이른바 퀴즈박사들이나 '도전 골든벨' 수상자들을 만들어내는 교육이라고 할 수 있겠다. 주어진 지식이나 체계를 빨리 습득하고 그에 적응하는 이른바 '수렴형' 인재와 주어진 상황에 대해 비판적 의견을 제시하고 문제 자체를 만들어낼 수 있는 이른바 '발산형' 인재로 인재의 범주를 나눈다면, 우리의 교육은 바로 전자의 유형의 인재를 만들어내는 데 초점이 있다. 가끔 고등학생들의 퀴즈 프로그램인

〈도전 골든벨〉을 시청하다보면 끝까지 생존해 문제를 푸는 학생들의 능력에 감탄하기도 한다. 문학, 역사, 과학, 예술 등 거의 모든 분야에 걸쳐 주어진 질문에 대하여 짧은 시간 내에 숨막히는 압력 하에서 기억의 가물거리는 저편 끝에서 한줄기 샘물을 퍼오듯 정답을 맞히는 능력 말이다. 이들의 뇌구조는 메모리반도체와 같아서 주어진 지식들을 잘 입력해 빠른 시간 내에 검색해 불러오는 능력을 발휘한다.

그러나 오늘날 지식산업사회의 고급 인재상은 이러한 메모리반도체가 아니라 비메모리반도체다. 주어진 문제를 잘 푸는 것이 아니라 문제 자체를 만들어내는 능력이다. 답하는 능력이 아니라 질문하는 능력이다. 우리 교육이 메모리반도체적인 능력밖에 배양할 수 없는 가장 큰 이유는 시험 정향적인 교육 때문이다. 우리의 교육은 한마디로 시험에 종속된 교육이며, 교육 성과는 오로지 시험 점수로만 판정된다. 교육은 시험을 통해 비로소 완성된다. 2008년부터 다시 부활한 전국 학업성취도 평가시험, 이른바 '일제고사'를 거부한 일부 교사들을 해직이라는 극단적 방법으로 다스리고자 한 교육행정당국의 과잉 대응의 이유는 그것이 바로 시험제도를 근간으로 이루어진 전 교육 체제에 대한 중대한 도전이라고 보기 때문이다. 이후에 자세히 다루겠지만 교육의 성과를 평가하는 데 시험, 그것도 모든 대상자에게 획일적인 과제를 부여하여 우열을 정하는 시험, 그것도 지필 시험, 그것도 객관식 선다형 시험에 의지하는 것은 가장 원시적이고 교육의 근본 목적에 가장 반하는 것이다. 매년 수능시험 파동을 볼 때마다 우리 사회의 초·중등교육의 최종 결정판이 불과 하루에 걸쳐 보는 단 몇 과목의 4지선다형 객관식 시험 점수로 결정된다는 사실에 참으로 부끄러움을 느낀다. 우리 사회의 지적 수준이 얼마나 천박한가를 가장 단적으로 말해주기 때문이다.

이처럼 사회는 다양한 종류의 유연하고 창의적이고 재기 넘치는 인재상을 찾고 있는데, 우리 교육은 객관식 시험의 성적과 석차에 절대 가치를 두는 낡은 관념에서 벗어나지 못하고 있다. 교육적 가치를 선도할 대학에서도 수능점수를 금과옥조로 여기며 인재를 선발한다고 하니 개선될 여지가 보이지 않는다. 오늘도 교육이라는 이름으로 그 무지막지한 에너지와 자원이 인재의 다양성과 창의성을 오히려 소진시키는 작업에 투여되고 있다니 참으로 아이러니한 일이다. 어느 헤드헌터의 한마디는 한국 사회의 입시교육 폐해를 정확하게 말하고 있다.

"다국적 기업들이 직원을 채용할 때 한국인은 가장 후순위다. 오스트레일리아인이나 중국인 등을 수소문해도 적임자를 찾지 못할 때야 한국인을 검토한다. 한국인에게는 잃어버린 10년이 있기 때문이다. (중략) 한국의 젊은이들에겐 대학입시를 위해 암기식 공부에 매달리는 중고등학교 6년, 해방감에 날려 보내는 대학 1년, 그리고 군대 3년 등 10년의 공백이 있다. 지적 훈련과 다양한 경험이 이뤄질 시기에 10년의 구멍이 나다보니 같은 나이의 외국인에 비해 전문성이나 업무 숙련도, 창의성에서 뒤질 수밖에 없다. 홍콩이나 싱가포르, 시드니, 상하이 등에 있는 다국적 기업에 한국인이 적은 것도 이 때문이다." (〈한겨레〉 2004. 8. 16.)

교육 환경의 세번째 변화는 세계화다. 과거에 교육이라는 공간이 국내로 한정된 때에는 교육 주체 내지 공급자 측은 수요자를 배려할 동기가 별로 없었다. 맛도 없는 밥상을 차려놓고 먹으라고 강요하는 꼴이었다. 국내에서 독점적 지위를 누리던 상위 서열의 대학들의 횡포와 위세 역시 대단했다. 또 그 밑에서 덩달아 중등교육기관들도 위압적이었다. 그러나 20세기 말부터 불어온 세계화의 바람은 이들 교육 공급자들이 국내 시장의 폐쇄성을 기반으로 삼으며 행세하던 독점적 지위를 흔들게 되었다. 가장 상위권 성적의 학생들은 특목고의 해외유학반 등을 통해 국내 유수대학을 가볍게 여기고 해외의 유명 대학으로 직행하고 있다. 《서울대보다 하버드를 겨냥하라》라는 책이 베스트셀러가 된 적도 있다. 하버드라는 글로벌 최고 권위의 브랜드 앞에서 '국내 지존'이라는 서울대의 위세는 100위권에도 이름을 올리지 못하는 별 볼일 없는 대학이었다. 소비자들은 서서히 별 실속도 없는 대학들이 그간 국내 시장의 폐쇄성에 기대어 횡포를 부려온 사실을 느끼게 되면서 분노하기 시작했다. 그리하여 더 많은 고교 졸업생들이 국내 대학을 외면하고 외국 대학으로 직행하면서 국내 대학들은 앉은 자리에서 이류 대학으로 전락하게 되었다. 더 나아가서 이제 중학생 심지어는 초등학생들까지도 이러한 유학 행렬에 오르게 되었고 기러기 가족이 일상화되었다. 압제를 견디다 못해, 또는 배고픔을 견디다 못해 이민 행렬에 오르는 난민들처럼 우리의 자녀들과 가족들이 많은 희생과 가족해체의 위험을 무릅쓰면서도 교육 디아스포라는 더욱 확산되고 있다.

이제 국내 교육이 글로벌 체제에 연결되고 그 통로가 넓어지면서 사람들은 우리 교육이 치열한 경쟁을 하는 것처럼 보이지만 실은 질이 낮은 교육이고 때로는 '사이비' 교육이었다는 것에 점점 눈을 떠가고 있다. 언젠가 필자는 외국의 명문 대학에 합격한 한국 고등학생이 인터뷰 중에 말하는 내용을 텔레비전에서 보며 충격을 받았다. "이 대학들은 나라는 사람을 완전한 사람으로서 봐 주는구나. 그런 생각이 들면서 좀 더 미국 대학에 대한 선택을 확신하게 됐어요"라는 대목이다. 자신이 살아온 삶과 펼치고 싶은 꿈 따위에는 관심도 없고 점수 기계로만 보는 국내 대학에 자신의 귀한 인생 시절 4년을 맡기고 싶지 않다는 뜻으로 해석됐다.

이제 우리 교육의 내용과 방식 그리고 선발의 방식, 이 모든 것을 글로벌 시각에서 바라보고 방향을 잡아야 한다. 한 가지 분명한 것은 지금처럼 치열한 입시 경쟁에 기생하여 학생과 학부모들을 극단적 경쟁 상태로 몰아넣고, 학교나 학원이나 관료 등 교육 주체들은 그것에 기대어 위세나 부리고 떡고물이나 챙기는 구조는 오래 갈 수 없다는 것이다.

우리 교육, 바뀌어야 산다

이처럼 교육 환경은 변화하고 있는데 우리의 교육 현실은 여전히 구태의연하고 그 결과 교육은 우리나라의 발전의 원동력이기는커녕 우리 사회의 선진화의 발목을 잡고 있는 골칫거리가 됐다. 교육이란 이름의 소용돌이 속에서 너무나 많은 정신적, 물질적 자원을 낭비하고 있고 우리의 삶의 질이 총체적으로 훼손되고 있으며 공동체의 건강성은 무너지고 있다.

그렇다면 이제는 변화된 교육 환경에 맞추어 우리의 교육 현실이 바뀌어야 한다. 이를 위해서는 여러 구체적인 제도적 변화가 필요하고 개혁적 조치가 뒤따라야 한다. 외고 폐지 논란은 이의 한 예다. 외고로 인한 폐해를 시정하기 위하여 몇 가지 개편안이 마련됐다. 그러나 이런 대증적인 제도적 장치의 마련은 마치 고무풍선을 누르는 것과 같아서 또 다른 문제를 야기하게 될 것이 분명하다.

진부한 표현이지만 결국 우리의 사고에 있어 발상의 전환이 있어야 한다. 교육이란 한 사회의 의식과 관행과 가치관 등 사유체계의 총체적 반영물이다. 부모님이 밥상에서 하는 말 한마디에 어떠한 가치관이 담겨있는가. 초·중등교육기관의 교과과정에는 어떤 인간관이 전제가 되어 있는가. 대학들이 인재를 뽑겠다고 선전하는데 과연 대학들은 어떠한 인간을 재목이라고 보고 있는가. 사회와 기업은 또한 어떠한 비전과 인재상으로 이들을 받아들일 것인가.

우리는 밀려오는 시대적 변화의 물결의 흐름을 제대로 파악하고 우리의 의식과 관행이나 가치관 등이 어떠한 점에서 낙후된 것인지를 물어야 한다. 이 책에서는 이러한 문제의식 하에서 우리가 응시하고 극복해야 할 것들에 도발적 문제제기를 하고자 한다. 그것들은 우리 사회가 때로 너무 당연하게 전제로 삼는 것들이기도 하다. 그러나 어느 철학자가 설파하듯, '가장 당연하다고 여겨지는 것일수록 가장 근본적으로 뒤집어 생각하라'는 명제가 글을 쓰는 내내 필자를 재촉하였다.

2010년은 한국전쟁 60주년을 맞는 해다. 전쟁의 폐허에서 이룬 눈부신 경제성장은 우리의 무한한 자긍심의 원천이다. 또한 이제 어느 나라 못지않은 민주적인 정치체제, 세계를 선도해 나가는 정보화의 수준 등도 우리가 자부심을 가질만한 것이다. 그러나 필자는 아직도 우리의 사고의 근저에 산업화 이전의 봉건적 왕조시대의 것이 살아있음을 느낀다. 또한 포스트모더니즘 시대임에도 여전히 획일성과 정량성을 기반으로 하는 근대성에 억눌려 있음을 느낀다. 또 지구촌 시대에 여전히 폐쇄적이고 국가주의적이고 파시즘적인 체제와 사고가 지배하고 있음을 느끼기도 한다. 앞으로의 글을 통해 이처럼 우리 사회의 뒤쳐진 사고의 구석들을 찾아 비추고자 한다. 과연 거창한 문제제기에 걸맞게 문제의 핵심을 짚어내었는가는 자신할 수 없다. 다만 고등교육의 일선에서 20여년 종사해온 교육 실무가로서, 또 몇 권의 교육평론집을 낸 바 있는 교육 평론가로서, 또 교육 관련 시민운동에 종사하면서 여러 현장의 분들로부터 배운 교육 운동가로서 평소에 생각하고 고민하던 일단의 생각들을 가감 없이 표출하고자 할 뿐이다.

차 례

들어가는 말 • 5

제 1 부
승문주의의 타파

숭문(崇文)주의란 무엇인가 • 34
학문이 죽어야 나라가 산다 • 38
학문 권하는 사회의 비극 • 45
대학의 권위가 무너져야 • 50
대학도 출구 전략을 • 54
대학 등록금 반값, 가능한가 • 60
대학 교수는 '현대판 유생'? • 65
전임 교수제는 정당한가 • 71
외국 유학 망국론 • 77
영어, 희한한 소비재 • 85
학벌이라는 짐을 내려놓자 • 93
자식 교육은 종교 행위인가 • 101
기러기 아빠'가 우리의 희망이라고? • 106

제 2 부
시험이라는 종교의 타파

'시험형 인간'의 탄생 • 114
국·영·수는 현대판 사서삼경 • 120
객관식 시험과 우민화 교육 • 125
조상님이 본 시험의 폐해 • 129
시험에 대한 신화를 깨라 • 135
시험은 유물론이다 • 140
시험이라는 종교의 타파 • 144
시험을 떠난 구원의 길 • 152
대학이여, 시험을 버려라 • 161

제 3 부 국가학벌의 타파

국가학벌 : 서울대와 김일성대의 공통점 • 170
'SKY' 독점이 아니라 서울대 독점이다 • 177
유수 사립대의 기회주의 • 182
역사적 관점에서 본 서울대 문제 • 186
헌법적 관점에서 본 서울대 문제 • 190
국·사립대학 이원체제의 허구성 • 197
'러플린 실험'이 남긴 것 • 202
서울대 귀족화를 위한 법인화인가 • 206
'교육 파시즘'을 넘어서 • 211

제 4 부 해법을 찾아서

강준만의 《입시전쟁 잔혹사》 : 'SKY'의 정원을 줄이자 • 220
김상봉의 《학벌사회》 : 학벌의식의 비극 • 226
교육 문제에 대한 사회 공학적 접근의 위험성 • 233
한완상 전(前) 교육부 장관 : 학벌의식 개혁운동의 한계 • 237
이범의 《교육특강》 : 사립대는 믿을 수 없다? • 242
박성숙의 《꼴찌도 행복한 교실》 : 독일 교육은 구원의 길인가? • 248
어느 '진보적 근본주의자'와의 대화 • 256

마무리 – 교육열, 어떻게 식힐까? • 271

제 1 부 숭문(崇文)주의의 타파

개 관

제1부에서는 우리 사회의 교육열의 정신적 근원지라고 생각되는 가치들에 대한 근본적인 부정 내지 재정립을 시도하는 글들을 모아보았다. 우리 사회의 교육열을 떠받치는 근본적 가치관을 필자는 '숭문(崇文)주의'라고 부르고자 한다. 이와 관련해 우선은 우리 사회의 학문 숭상 전통을 재검토해야함을 논했다. 글줄 익힌 것 하나로 위세를 부렸던 사농공상의 봉건적 사고가 온존해 온 결과 공부나 학문이라는 행위가 지나치게 압도적인 가치를 부여받고 있다는 것이다. 이는 우리 사회의 실질 숭상의 기풍을 저해하고 있으며 맹목적 교육열의 정신적 기반을 이루고 있다. 〈학문이 죽어야 나라가 산다〉와 〈학문 권하는 사회의 비극〉은 숭문주의의 허구성을 고발하고자 한 글이다.

나아가 학문 생산과 학문 활동의 구심체인 대학의 권위가 허상에 불과하며 이것이 무너져야 한다는 것과 청년실업 시대에 대학이 자기의 존재의미를 얻기 위해 무엇을 해야 하는가를 지적했다. 또 대학의 핵심 주체이자 학문 활동의 담당자인 대학 교수들이 이른바 '현대판 유생'으로 학문숭상의 전통에 기생하고 있다는 점을 지적했으며, 그 기반이 되고 있는 전임 교수제를 철폐할 것을 주장했다. 또한 전임 교수가 되기 위해서 혹은 더 나은 진로를 위해 외국으로 유학을 가는 열풍을 '외국 유학 망국론'이라는 이름으로 메스를 들이대고자 했고, 같은 사대주의적 속성의 반영인 영어 열풍 역시 함께 비판하고자 했다. 대학 입학 경쟁의 직접적 원인인 학벌주의 역시 이 장에서 다루었다. 학벌이라는 간판의 허구성과 학벌 간판이 오히려 짐이 되는 현실을 인식해야 한다는 점을 지적하였다.

그러나 교육열 최후의 보루는 무엇보다 학부모다. 자식에 '올인'하는 학부모의 과열된 교육열은 자식과 자기를 동일시하는 사고에 바탕을 두고 있다. 필자는 이러한 태도의 뿌리를 유교적 가치관에서 찾고자 했으며 부모 세대가 자식 교육이라는 종교로부터 해방되어야 한다는 주장을 하고 있다.

이 장을 통해 우리 사회가 교육을 둘러싼 고상한 것 같은 가치들을 냉소적으로 바라볼 수 있기를 바라고, 보다 실리적으로 사물을 보고 이기적으로 판단함으로써 거대한 허상의 가치체계로부터 자유롭게 되기를 바란다.

숭문(崇文)주의란 무엇인가

작년 가을에 재직하고 있는 학교로부터 20년 근속상을 받았다. 20여년을 대학 교수로 근무한 사람으로서 가장 고통스러운 것은 두말할 것 없이 가르친 학생들이 졸업 이후 갈 곳이 없다는 것이다. 학생들이 활기를 띠는 것은 지긋지긋한 입시의 중압감으로부터 해방감을 느끼는 첫 학기 정도뿐이고, 그 다음 학기부터는 장래에 대한 불안감에 서서히 시달린다. 학생들은 휴학을 하며 졸업을 미루면서까지 나름대로 애를 써보지만 4막 8장의 시간은 여지없이 흘러가고 신통한 결과를 보지 못한다. 그렇게 떠밀려서 이른바 청년백수의 대열에 합류하게 되는 것이다. 사은회는 없어진 지 오래고 졸업식에 참석하는 학생들의 숫자도 갈수록 줄어 이제 조만간 졸업식 행사도 없어지지 않을까 우려될 지경이다.

이처럼 대학이 교육기관이라기보다는 체계적인 실업자 양성소가 된

지도 10여년이 지나고 있는데, 이상하게도 여전히 대학에 들어가기 위한 압력은 더욱 높아만 가고 있다. 고등학교 졸업자의 84%가 대학에 진학하는 현실에서 대부분의 학부모나 학생 본인, 또 인문계 고등학교는 물론 대부분의 실업계 고등학교까지 대학 입학이라는 절대 명제 앞에서는 다른 대안을 생각할 수가 없다. 이처럼 대학 진학에 대한 수요는 시장의 상황 변화에 전혀 영향을 받지 않는 무풍지대로 남아있다.

2010년 3월 이른바 마이스터 고등학교라는 것이 생겨났다. 고교 졸업 후 일과 학습을 병행하며 기술명장(Meister)으로 성장할 수 있도록 지원하는 전문계고 선도모델이라고 한다. 대통령이 직접 전국 마이스터 고등학교 개교식에 참석해 마이스터 고등학교가 21세기의 새로운 인재 육성의 모델이 될 것이고 대폭적인 지원을 약속하며 "무분별한 대학 진학은 국민들의 사교육비 부담을 증가시키고 청년실업을 더욱 악화시켜 가정적으로나 국가적으로도 큰 손실"이라고 덧붙였다.

그렇다면 정말 사람들의 대학 진학에 대한 열망은 무분별한 것인가. 입학해봐야 장래가 별로 기대되지 않는데도 갈 데까지 가보자는 심정인가. 별 희망이 없는 출구를 향해 저마다 전력 질주하는 이 거대한 흐름에는 어떠한 작동원리가 있는 것인가. 어려운 문제다. 필자는 그 근원에 배움, 공부, 교육, 학문 등에 대한 맹목적인 숭상, 즉 숭문주의가 우리의 유전인자에 박혀있다고 생각한다. 그리고 공부, 학문, 교육을 전담하는 기관 즉 학교와 대학에 과도한 권위 부여가 행해지고 있으며, 이 역할을 담당하는 교육자와 학자들을 과도하게 인정하고 있다고 본다. 이것들로 보건데 우리 사회의 가치관은 현대적 의미의 숭문(崇文)에 젖어있다고 말하고 싶다.

과거의 숭문이 숭무(崇武)에 대한 대립개념이라면 오늘날의 숭문이란 실용에 대한 대립개념이라 볼 수 있다. 지금 우리 사회에서 교육과 그에 대한 열망인 교육열은 마치 조선조의 성리학이 작동했던 모습을 떠올리게 한다. 성리학이 그 자체가 하나의 목적이 됨으로써 사회를 매우 경직시키고 진취적 기운을 소진했던 것처럼 우리 사회의 교육열 역시 교육이라는 행위 자체가 목적이 되어 오히려 사회에 해를 끼치고 있다는 것이다. 하나의 교육이 실제로 어떤 목적을 갖고 있는지 과연 그 목적을 달성할 수는 있는 것인지에 대한 비판적 성찰도 없이 교육이라는 영역을 신성화하고 있다. 게다가 신성화된 교육 영역에서 가치체계의 윗부분을 선점한 유수한 대학을 중심으로 사회의 자원을 독점하게 되는 이른바 학벌주의 현상이 발생하고, 이것은 다시 이 학벌주의의 후광을 덧입고자 하는 무한 열망을 낳고 있으며, 심지어는 사람들의 의식이 때로는 학력과 학벌에 따른 신분제 사회로 퇴행하는 것이 아닐까 하는 의문까지 제기되고 있다.

조선조 성리학의 명분주의에 대항해 조선 후기에 이용후생을 내세우는 실학이 등장했듯, 이제 우리 사회에도 새로운 실학적 기풍이 조성되어야 할 것이다. 그리고 이는 기존의 이른바 '숭문적' 가치들을 부정하는 것에서부터 출발해야 한다. 오늘날 교육이라는 이름으로 행해지는 대부분이 합목적성이 결여된 관습적이고 소모적인 행위로 전락했다는 분명한 인식, 이러한 교육 체제에 잘 적응하였다는 것(예컨대 입시 전쟁의 승자라는 것)이 별 의미가 없다는 인식, 대학 특히 명문대의 권위도 허상이라는 인식, 또 교육자나 대학 교수 등에 대한 우리 사회의 존중이 바람직하지 못하다는 인식 등 숭문적 가치의 대상들 하나하나에 대한 재검토가 필요하다. 이를 시작으로 우리 사회가 숭문이라는 굴레에서 벗어나 실질을 숭상하고 경험을 중시하고 개인 능력의 다양성 등을 인정함으로써 개개인들의 억눌린 성취동기와 자아존중감 등을 회복시켜야 한다.

박제가 선생은 《북학의(北學議)》에서 "우리나라는 사람들을 과거(科擧)로 몰아가고, 풍기(風氣)로 옴짝달싹 못하게 묶어 놓았다. 그것을 따르지 않으면 그 자신은 몸을 붙일 곳이 없고, 나아가서는 그들의 자손을 보전할 수가 없다"고 하였다. 박제가 선생의 글은 성리학 일변도의 경직된 사상 풍토를 비판하는 것이지만, 필자는 오늘날 바로 교육과 학문을 숭상하는 숭문제일주의가 우리 사회를 옴짝달싹 못하게 묶어 놓았다는 생각을 한다. 이 대열에 합류하지 않으면 몸 붙이기는 물론이거니와 자식 보전하기가 어려울 정도로 말이다. 이제 이러한 숭문적 가치들을 하나씩 검토하며 부정하고자 한다.

학문이 죽어야 나라가 산다

대한민국 사람들이 어렸을 때부터 가장 많이 듣고 자라는 단어는 아마 '공부(工夫)'라는 말일 것이다. '공부 잘 한다', '공부 좀 해라' 등등 공부라는 말이 어디서 왔는지는 모르겠지만 중국어 사전에서 찾으니 '공부'라는 단어는 무엇을 익히는 데 쓰이는 시간이나 노력을 가리키는 뜻이고, 한국어의 '공부'와 같은 뜻으로는 학습(學習)이라는 단어를 쓰고 있다. '공부' 내지 '학습'이란 말이 이제 고등교육기관에 오면 조금 고상한 말로 학문이란 말로 대체된다.

학습이 배운 것을 반복해서 익힘으로써 자기 것이 되도록 하는 과정이라면, '학문(學問)'이란 말 그대로 배우고 묻는 것 즉 인간이 자신의 지적 호기심을 채워나가는 과정일 것이다. 그것은 근본적으로는 즐거운 것이다. 공자께서도 '배우고 때로 익히면 또한 즐겁지 아니한가(學而時習

之 不亦悅乎)'라고 하셨지 않는가. 이처럼 학문이란 기본적으로 호기심이나 자기만족에 기초한 취미활동의 성격을 갖는 것이다. 하지만 우리 조상들에게도 학문은 과거라는 제도와 결부되면서 역시 시험공부로 전락했다. 과거에 합격하면 선비들이 도무지 책과는 거리가 먼 삶을 산다는 문제는 당시의 글에서도 자주 나타난다.

어쨌든 '공부 내지 학문 – 시험 합격 또는 사회적 인정 – 출세와 성공' 이라는 등식이 우리의 유전인자에 각인되면서 이른바 '교육 출세론'이 정착되었다. 우리 사회에서 공부는 일종의 성역이 되어서 필자의 부모님 역시 어떤 어려운 상황에서도 자식이 가방을 놓아서는 안 된다는 것을 절대적 명제로 생각하고 눈물겨운 희생을 하셨다. 자식도 공부만 잘하면 열 가지 흉이 다 묻힌다고 했다. 공부하는 것을 큰 위세로 생각하는 자식들도 부지기수다. 한국 부모들의 자식 공부를 위한 열정과 희생은 가히 불가사의한 것은 물론이고 때로는 종교적 열정에 가깝다.

한국 사회는 학문과 학문을 업으로 하는 직업 (특히 대학 교수) 등에 대한 사회적 선망과 우대가 지배적이다. 필자 역시 학창 시절에 공부 잘 한다는 이유로 교사들에게 귀여움을 받았고 부모의 자랑이 되었으며 결국 대학 교수가 되어 사회적 인정을 받고 있다. 조선 시대 선비처럼 교수라는 직함은 한국 사회에서 대단한 위력을 갖는 것이어서 정권만 바뀌면 한낱 백면서생인 교수가 갑자기 장관이요 총리로 기용되는 일이 다반사다. 이명박 정부도 '교수 천국'이요 '청와대학'으로 불린다고 하지 않는가. 또 거꾸로 사회적으로 현장에서 인정받는 사람들이 대학으로 자리를 옮기면 후학양성이 어떻고 하며 칭송받는 분위기다.

조선은 사대부의 나라였고 그것은 한마디로 학문과 권력이 동심원을 그리는 사회였다. 학문이 곧 정치이며 권력이었고 학파는 곧 정파였다. 들어앉아서 책을 읽다가 출사하여 한자리하다가 여의치 않으면 다시 물러나와 학문하는 '선비 정치'의 나라였다. 선비의 일이란 책밖에 읽은 것이 없는지라 말과 글이 전부였다. 만주족 군대가 압록강을 넘어오는 시점에도 여전히 상소를 올리고 주전(主戰)이니 주화(主和)니 하며 명분을 가지고 다투는 끔찍한 명분주의도 다 이런 학정일치(學政一致)의 사회가 가져온 결과일 테고 길게는 우리가 근대화에 실패하고 몰락한 원인일 테다. 지금도 선생이나 하던 백면서생들을 과도하게 요직에 기용하는 전통도 이러한 선비 문화의 연장으로 보인다.

조선의 선비들은 문사철(文史哲)이라 하여 역사와 유학 등에 관한 넓은 학식을 갖추어 자유롭게 고사(故事)와 성인의 말씀을 인용할 수 있는 교양이 있어야 했고, 또 한편으로는 시서화(詩書畵)라 하여 시문도 지을 줄 알고 서예나 그림에도 조예가 있어 이른바 풍류를 알아야 했다. 그러나 역시 강조되었던 덕목은 글월을 많이 읽는 것이었다. 고전을 읽어야 사람다운 사람이 된다는 인식이 지배적이었고 양반들은 한문으로 된 글월을 좀 안다는 것만으로 지배의 정당성을 내세우고자 했다. 이것은 일반 백성 사이에도 책이나 학문을 존중하는 풍토를 만들었고, 일반 서민들도 집에 다소라도 책자를 소유할 정도로 글자를 숭상했다. 이것은 우리의 정신적 뿌리가 되는 면도 있지만 각종 기술이나 장인 등을 천대하고 실용적 지식의 발전을 저해하는 결과를 낳았고, 학문과 지식이 오히려 권력의 정당성의 기반이 되어 사회의 압제로 작용했다.

이처럼 학문을 숭상하는 숭문주의의 전통은 우리 정신문화의 유전인자에 깊이 뿌리내리고 있다. 역사적으로 개관해보아도 이미 고려 시대에는 무신에 대한 천시가 원인이 되어 이른바 무인의 난이 일어나 무인시대가 장기간 계속되었고, 조선은 무장이 세운 나라였지만 사대부들의 나라가 되었으며 '양반' 사회라고 하지만 문관 우위가 지배적이었다. 문관을 뽑는 문과 시험만이 과거로 인정받았고 무관이나 오늘날의 실용인기학문에 상응하는 잡과는 천시되었다. 인간의 본성을 탐구한다는 성리학의 이기일원론이니 하는 고담준론은 조선 시대 내내 학자들의 쟁론의 대상이 되었고, 반면 나라를 지키고 백성들의 실제적 삶을 윤택케 하는 실용의 문제는 관심 밖에 있었다. 이리하여 조선은 두 차례의 참혹한 전란의 전장이 되고 갈수록 우물 안 개구리가 되어 결국 시대의 큰 흐름에서 낙후되고 말았다.

일부 보수학자들은 우리가 해방 후 근대화에 성공한 원인 중 하나를 군사정권 하에서 케케묵은 명분주의적이고 원리주의적인 성리학적 사고를 극복하고 합리적이고 효율적인 실용주의를 받아들였기 때문이라고 분석하기도 한다. 일제강점기와 한국전쟁을 거치면서 전통적인 신분질서가 붕괴하고, '잘 살아보세'라는 말로 압축되는 실질주의적인 사고방식이 우리의 억제된 잠재력을 마음껏 발휘하게 한 것이라고도 볼 수 있지 않나 싶다. 경제적 성장에 대한 절박한 요구는 많은 인재들이 공고나 이공계열에 진학해 뛰어난 기능 인력과 기술전문가로 현장에서 활약해 대한민국이 기지개를 활짝 펴는 데 선두에 서게 했던 것이다.

그러나 경제적 문제가 어느 정도 해결되면서 다시 과거 숭문의 악습이 나타나기 시작했다. 대학 산업이 번창하고, 한국은 세계에서 가장 높은 대학진학률을 기록하고 있다. 인구대비 가장 높은 비율의 유학생을 내보내고 있으며, 사교육비에 가장 높은 비율의 지출을 하고 있다. 가장 악명 높은 학벌주의가 기승을 부리고 있으며 성적 지상주의가 횡행하고 있어 족집게 학원 강사들이 '공부의 신'으로 추앙받고 있다.

이제 우리 사회의 선진화는 공부와 학문에 대한 가치절하로부터 시작되어야 한다고 생각한다. '공부', '학문'이라는 일종의 종교로부터 우리 사회가 자유로워야 한다. 조상님들은 유학경전을 읽으면서 '수기치인(修己治人)'이라는 말이 대표하듯 인격의 함양을 도모하셨다는데 오늘날 고도의 분과체계 아래에 있는 학문이란 이러한 덕목과도 아무 관계가 없는 것이고, 그렇다고 현장의 실력과 별 관계가 있는 것도 아니다. 개인이 '학문'을 한다면 그것은 취미활동이거나 아니면 직업적인 준비과정일 뿐이어야 한다. 개인의 인격 함양, 경쟁력 강화, 인재 양성 등등의 구호를 내걸고 거대한 집단에 사람들을 쳐 넣고 획일적으로 교육시키는 것의 효용은 갈수록 떨어질 것이다.

우리 대학에서 이루어지는 학문의 대부분은 실학(實學)이 아니라 허학(虛學)에 가깝다. 그 주된 용처는 대학의 강단에서 소비되는 데 있다. 대학교재라는 것도 강단의 소비재다. '학문이 죽어야 나라가 산다'라는 말은 이러한 허학이 사라져야 한다는 것이다. 이 허학을 위해서 대학이라는 거대한 시스템이 존재하고, 그 안에서 이러한 소비 행위를 매개하는 역할을 함으로써 먹고사는 교직원이 존재한다. 또 이러한 소비 행위의 최종적인 소비자 즉 물주가 되는 학생과 그 부모가 존재하고, 갈수록 인상되는 등록금은 학생과 부모의 고혈을 짜내고 있다. 게다가 이 허학이라는 소비재는 외양만 더욱 고급스러워지고 있다. 대리석을 깐 건물, 현대식 프로젝터 등을 갖춘 강의실, 대학 내에 파고든 고급 커피 가게 등등.

그렇다면 오늘날의 실학이란 무엇인가? 그것은 현장과 소통하는 학문이다. 현장의 인력이 이론적 훈련을 위해 돌아올 수도 있고 이론적 연구자가 현장으로 자연스레 나갈 수 있는, 그리하여 현장 내지 실무와 이론 내지 교육의 간격을 좁혀나가는 것이다. 이러한 실학 교육은 성격상 대중 교육이나 대단위 교육이 되기 힘들다. 기업이나 현장과 밀착된 소규모의 연구소 등이 그나마 이에 좀 더 가까운 모습이 아닐까 한다.

이상적인 것은 미성년의 교육이 자유로운 전인교육이 되고 이 교육 기간이 자신의 여러 가능성을 타진해보는 모색의 시기가 되는 것이다. 그 이후로는 최소한의 직업 교육을 거쳐 좀 더 이른 시기에 직업 세계에 발을 들여놓고 그 후로는 평생 학습의 길을 가는 것이다. 이러한 교육 패러다임으로의 전환을 위해 우리 사회의 공부와 학문에 대한 전면적인 부정이 필요하다. 학문하는 행위를 존경하고 학문을 표방하는 기관에 권위를 부여하고 학문을 업으로 하는 삶을 존경하는 일련의 가치체계가 전도되어야 한다. 오히려 학문 행위에 내포되어 있는 비현실성, 이중성,

무기력함 등의 부정적 측면이 부각되어야 한다.

공부와 학문에 대한 숭상이라는 이 맹목으로부터 벗어나야 한다. 이 맹목적 가치관의 결과물이 바로 학벌주의이기도 하다. 우리가 학문에 대한 숭상으로부터 벗어남으로써 우리는 진정한 학문을 회복하는 길을 여는 것이다. 누구나 어디서나 언제든지 알고 싶은 것을 스스로 알아보고, 아는 사람으로부터 값을 주고 배우는 학문 활동이 일상 속에서 일어나야 한다. 오늘날 지나친 학문의 제도화, 학문의 독점화가 학문을 권력화하고 학문에 기대어 또 그 이름을 팔아 무위도식하는 많은 현대판 유생(儒生)의 무리들을 만들고 있다. 학문이 명예가 되지도 돈이 되지도, 더구나 권력이 되지도 않는 사회가 되어야 한다. 오로지 학문하는 개인의 즐거움이 있을 뿐이다.

학문 권하는 사회의 비극

2008년 한 여성 대학 강사가 목숨을 끊었고 한 방송의 시사 프로그램에서 이를 자세히 다룬 적이 있다. 초등학교 선생을 하던 한 여성이 뜻한 바 있어 미국의 대학에서 늦게 박사학위(영어교육학)를 받고 귀국해 몇 년간 지방의 모 대학의 강의 교수로 있다가 계약기간이 만료되었는데, 그간 학교 측의 횡포, 전임 채용과정의 불합리 등을 고발하는 유언장을 써 놓고 학위를 받은 미국 대학 근처의 한 모텔에서 자살한 사건이다. 그 마지막 여행에는 중학생인 딸도 동행했다고 한다.

방송국 PD는 미국 현지 취재를 통해 지도 교수와 지인들의 인터뷰를 담았고, 당사자가 매우 성실히 학업에 전념했음을 전했다. 그리고 뜻밖의 자살 후 장례비도 없어 장례가 지체되다가 현지 교민들이 성금을 모아 장례를 치루고 화장한 유골을 PD가 들고 와 가족에게 전달했으며,

교민들이 그 후 천여만 원의 성금을 모아 보내왔다. 노모를 모시고 사는 가족들은 경제적으로 매우 어려운 사정인 듯 했다.

가슴 아픈 일이다. 무엇보다 본인이 하나뿐인 생명을 바치면서 우리 사회에 메시지를 전달하고자 했는데, 본인이 얼마나 절망하고 맺힌 것이 많았으면 아직 어린 딸이 있는 엄마가 그런 선택을 했을지 참담한 기분이다. 본인이 자살을 선택한 직접적인 원인이 강의 교수 2년간 학교 측으로부터 받은 부당한 대우로 인한 상처였는지(대표적인 예로 12시간 강의로 계약하고서 이를 슬그머니 12학점으로 고쳐서 초과강의료를 주지 않으려는 야비한 점, 강의 교재를 바꾸려고 했다가 주임 교수로부터 폭언을 들은 점 등), 전임이 될 희망을 찾기 어려운 미래에 대한 절망감이었는지, 혹은 본인이 성격상 우울증이나 어떤 문제가 있었는지, 아니면 이런 점들이 복합적으로 작용했는지 알 길은 없다.

이 분은 매우 어려운 가정에서 그나마 안정적인 직장이었던 초등학교 교사를 그만두고 늦은 나이에 아무 것도 보장되지 않는 상황에서 대학 교수에의 꿈을 품고 태평양을 건넜다. 이 사건이 필자에게 근본적으로 던지는 화두는 무엇이 이 여성으로 하여금 이렇게 도박에 가까운 인생의 모험을 감행하게 했을까 하는 것이었다. 혹자는 당사자를 교수 시장의 진입 시도, 고상하게 말하면 학문의 길로 이끈 것은 이른바 뜨거운 학문에의 열정일 것인데 그것을 투자니 '올인'이니 하며 분석하는 것이 타당하냐고 반박할지도 모르겠다. 당사자의 주위 사람들의 증언 등을 종합하면 그녀는 학문에의 열정 하나만을 갖고 태평양을 건넜고 학위

과정도 3년 만에 좋은 논문을 쓰고 마쳤으며, 귀국해서도 열심히 글을 쓰는 등 모범적인 학구열을 보였다.

그렇다면 필자는 여기서 한 개인에게 합리적인 인생 선택에 대한 사고를 봉쇄하는 이른바 '학문에의 열정'을 고발하고자 한다. 학문에의 열정 또는 학문하는 삶에 대한 숭상 그리고 그것을 기반으로 삼고 있는 '대학 만능', '교수 왕국'의 사회 등 우리 사회에 뿌리내린 가치관이 이러한 비극을 가져왔기 때문이다. 필자의 한 대학 후배는 13년 전 서른을 조금 넘긴 나이에 청운의 꿈을 안고 미국의 한 메이저 대학 박사 과정에 입학했다. 최근에 그는 다시 필자의 앞에 나타났다. 아직도 박사 과정 중인데 부친상을 당해 일시 귀국한 것이었다. 13년 전 풋풋했던 모습은 간데없고 새치가 드문드문 보이는 40대 중반의 중년의 모습이었다. 그는 그때까지 결혼도 하지 않았다. 그를 본 필자의 탄식은 한마디. '학문이 뭐기에?' 그리 넉넉지 않은 집안에서 아버지의 연금으로 근근이 학비를 대던 그의 앞날은 어떻게 될 지……. 주위에서 이와 비슷한 케이스를 소개하자면 끝도 없다.

오늘도 일간신문에는 어느 김밥장사 할머니가 평생 모은 돈을 대학에 장학금으로 내놓았다는 미담기사가 실렸다. 우리 사회에서 가장 가치있게 돈을 쓰는 것은 장학금으로 내놓거나 장학재단을 만드는 것이다. 공부를 장려한다는 장학(獎學)이란 말만 들어도 숭고한 감정이 일어난다. 학업과정을 밟는 행위를 가장 가치있는 인간활동으로 보고 학업에 대한 후원과 투자를 가장 고상한 것으로 보는 우리의 가치관은 우리의 숭문주의를 가장 잘 나타내고 있는 예라 할 것이다. 필자도 장학혜택을 누렸으며 학창시절부터 학문하는 삶에 대한 무한한 동경에 사로잡혀 성장하였다. 그러나 오늘날 나는 젊었을 때 나를 이끌었던 '학문에의 열정'에 대해 심각한 회의에 빠져있다. 그리고 학문의 길을 숭배하는 사회, 이름 하여 '학문 권하는 사회'라는 표어가 우리 사회의 비건강성을 나타내는 것이라는 생각이 든다. 조선왕조 500년의 숭문주의의 잔영인지 공부한 정도 즉 가방끈의 길이가 신분적 관념과 결합되고 있다. 조선의 유생들이 마흔 살이 넘도록 공부하여 진사 · 생원이라도 해서 그저 제문(祭文)에 '학생'의 신분을 벗어나기 위해 애썼던 것처럼, 지금 우리 사회는 아무나 박사라는 타이틀은 하나 걸치고자 하고 박사증 판매소인 대학은 현대판 '서원'이 되어 저마다 힘자랑을 하려는 것이 비슷하지 않은가. 조선 유생들의 공부 내용이 허망한 것처럼, 오늘날 대학에서 생산되고 전수되는 지식이란 대부분 오직 커리큘럼의 내용으로 소비되는 자체목적적인 지식에 불과한 것들은 아닌가. 쏟아지는 논문들을 서로 읽지도 않으면서 그저 연구 업적 관리만 하고 프로젝트를 따라 이리저리 움직이는 군상들의 집합소는 아닌가. 한국의 대학 교수 사회는 그저 조선의 유생들처럼 맹목적인 학구열과 진학열을 부추기면서 그에 기생해서 강의노트나 우려먹고 사는 것은 아닌가. 그러다가 연때가 맞으면 출사해서 한자리하다가 끈 떨어지면 다시 대학으로 기어 들어와 공자 왈 하면 되는 것인가.

일찍이 성호 이익 선생은 '쌀 한 톨도 면 한 포도 내지 못하는 나는 천하의 좀벌레만도 못하구나'라고 하였다. 우리 지식인 사회에도 이러한 치열한 자기반성이 있는가. 우리 사회의 기풍이 쇄신되어야 한다. '학문을 숭상'하는 기풍을 부수어야 한다. 우리의 인재들이 현장을 중시하고 실질을 숭상하는 도전적인 기상을 회복해야 한다. 후방의 훈련소에 불과한 대학과 그 교관들인 교수에 대한 사회의 과도한 기대와 평가가 무너져야 한다. '학문에의 열정'은 지금 우리 사회를 미망으로 이끄는 집단적 허위의식이다. 이것이 우리 사회의 맹목적인 교육열의 정신적 근원지이기도 하다.

아무쪼록 '학문 권하는 사회'와 굿바이 하는 날이 빨리 오기를 바랄 뿐이다. 그리하여 똑똑하고 야망 있는 젊은이들이 더 이상 '학문'이라는 열병에 사로잡히지 않기를 바란다. 학문이라는 현미경을 들여다보는 좁은 삶에 자기를 가두기에는 이 세상에 더 많은 가치 있고 능력을 발휘할 수 있는 일들이 있지 않은가.

대학의 권위가 무너져야

그저 그런 원론적인 이야기나 늘어놓는 식상한 언론지의 교육 칼럼 중 눈에 띄는 칼럼 하나를 읽게 되었다. 〈국민일보〉의 변재운 논설위원이 기여입학제를 논하는 글이다. 일부를 인용해 본다.

"기여입학제를 이야기하는 더 큰 이유는 이것이 뿌리 깊은 학벌주의를 해소하는 데 도움이 될 수 있지 않을까 하는 생각에서다. 신입사원을 채용하는 기업 입장에서는 지원자가 혹시 기여입학제 출신이 아닌지 의구심을 갖게 될 것이고 그러다 보면 점차 학벌보다는 능력 검증을 통해 채용과 승진이 이루어질 가능성이 있다. 그러기 위해서는 기여입학제로 뽑는 인원을 너무 적게 할 필요가 없으며 정원 외든 정원 내든 5% 이상으로 늘리는 것이 좋다. 그래야 학벌 희석효과가 나타날 수 있다. 출신대학은 좋은데 일하는 게 영 시원찮은 사람을 보면 "저 친구 기여입학제 출신 아니야?"라는 비아냥이 나올 수 있는 수준은 돼야 한다는 것이다. 지금 우리나라 교육문제는 대학을 지고지순한 최고의 가치로 여기는 데 있다. 그도 그럴 것이 우리 사회에는 출신대학이 평생을 꼬리표처럼 따라다니며 영향을 미친다. 그러다보니 '인생=대학'이다. 아이는 태어나자마자 좋은 대학을 가기 위한 생활을 시작한다. 그 아이가 대학을 졸업하고 결혼해서 아이를 낳으면 그때부터는 다시 2세의 대학입시를 위해 남은 모든 인생을 바친다. 부모의 고민과 자녀의 고통, 가정의 불화가 여기서 비롯된다. 우리는 왜 이런 형극의 삶을 계속 이어가야 하는지 답답하다. 모든 교육문제 해결의 열쇠는 대학 졸업장이, 출신대학이 그 사람의 '능력인식표'처럼 간주되지 않도록 하는 것이다. 그러기 위해서는 대학의 권위를 무너뜨려야 한다. 대학이 대단한 게 아니라 돈만 주면 얼마든지 갈 수 있는 곳이고, 그 중 명문대는 좀 많이 주면 갈 수 있는 곳이라는 인식을 심어줘야 한다. 기여입학제가 그 길을 찾아줄 수 있다면 해볼 만하지 않은가."

(변재운, '기여입학제를 검토해보아야 할 이유', 〈국민일보〉 2010. 2. 9.)

무엇보다 내가 동감하는 구절은 '대학의 권위를 무너뜨려야 한다'는 것, 구체적으로 '대학이 대단한 게 아니라 돈만 주면 얼마든지 갈 수 있는 곳이고 명문대는 좀 많이 주면 갈 수 있는 곳이라는 인식을 심어줘야 한다'라는 것이다. 사실 우리나라의 대학처럼 명목가치와 실질가치의 차이가 심한 경우도 흔치 않다. 말하자면 대학은 일종의 이미지 장사 내지 브랜드 장사를 하고 있는 것이다. 유수한 대학의 학생이고 동문이 된다는 것, 그곳에서 졸업증명서를 뗄 수 있는 지위를 파는 것이다. 이미 그 브랜드가 실질적으로 취업 등에 큰 도움이 되지 않은지는 오래되었지만 그럴수록 대학들은 현실을 외면하고 감추려 한다. 재벌기업들의 광고에 못지 않게 주요 일간지의 전면을 장식하는 화려한 색채의 대학 이미지 광고에 각 대학들은 경쟁적으로 홍보비를 지출하고 있다. 소속 구성원들에게 가족적 유대관계를 강조하면서 끊임없이 동류의식을 강화하는 여러 행사를 기획하기도 한다. '자랑스런 동문상' 시상, '동문 전용 신용카드', 각종 직업군별 동문회의 조직 등등 개개인이 사회생활에서 발전시켜 나가야 할 '이익사회'적인 관계성의 상당부분을 동문을 중심으로 한 일종의 '공동사회'적 관계성으로 퇴화시키고 있는 것은 아닌가.

국 · 공립이건 사립이건, 지명도가 높건 낮건 간에 대학들은 인재양성이라는 어렵지만 실질적인 과제에는 갈수록 의욕을 잃어가는 반면, 거대한 동문 네트워크의 구축과 확장에는 점점 더 의미를 부여하고 있으며 이는 다시 신입생 즉 '신규 회원'을 끌어들이는 기반이 되고 있다. 즉 고가의 등록금이란 이러한 막강한 네트워크에 가입하는 비용이다. 학부 신입생이 정회원이라면 석 · 박사나 단기 과정 수료생은 준회원이다. 회원이 되어도 계속 발전기금이나 회비, 강당 의자 기증하기, 등록금 한 번 더 내기 등의 행사를 통해 끊임없는 펀드 레이징의 공세에 시달린다. 심지어 어느 유수 대학은 신입생들의 입학이 확정된 직후에 각 신입생 가정으로 전화를 돌려 기금 참여를 구걸(?)하는 발 빠른 행보를 보여 지탄의 대상이 되기도 했다. 이 글을 마칠 즈음에 고려대 경영학과에 다니는 한 여학생이 대자보를 붙이고 학교를 자퇴하였다. 그녀는 "이름만 남은 '자격증 장사 브로커'가 된 대학, 그것이 이 시대 대학의 진실임을 마주하고 있다"라고 썼다.

그렇다면 변재운 논설위원의 글처럼 아예 공개적으로 대학들이 자신의 브랜드를 시장에서 환금할 수 있는 길을 열어주는 것도 생각해볼 수 있다. 이로써 대학이라는 곳이 정말 별 것 아니라는 것, 돈 내고 지식을 사는 곳이라는 점에서 예컨대 내가 주식투자를 배우러 백화점 문화센터의 재테크 강좌에 다니는 것과 별 차이가 없다는 인식이 확산되어야 한다. 사실 대학의 평생교육 기관화야 말로 많은 교육학자들이 거론하는 대학의 미래가 아닌가. 대학 입학을 향한 엄청난 압력의 교육열의 증기를 빼는 것에 대학의 권위를 무너뜨리는 것처럼 확실한 방법이 또 있겠는가.

대학도
출구 전략을

얼마 전 스승의 날에 즈음하여 필자가 추천한 곳에 취업한 대학원 졸업생이 조그만 선물을 들고 찾아왔다. 계약직이고 대우도 그리 좋다고는 할 수 없지만 이미 나이 삼십을 넘긴 제자는 활기차 보였고 그것에 대한 필자의 보람은 좋은 논문 한 편을 쓴 것보다 더 컸다. '청년실업 대란'이라고 부를 정도로 대학 졸업생들의 취업난이 극심하다. 전공이나 출신대학의 지명도를 불문하고 큰 차이가 없는 듯하다. 원하던 대학에 들어왔다고 기쁨에 들뜨는 것도 잠시뿐, 취업전선에서 절망하는 선배들을 바라보면서 저학년 학생들도 일찍 마음이 움츠러들고 장래에 대한 불안에 시달린다. 그리하여 많은 사교육비를 들여 혹시나 취업에 도움이 될지도 모르는 여러 자격증을 취득하기도 하고 해외연수를 필수 코스로 거치기도 한다.

신문 등에서 청년실업에 대한 기사가 나오면 나도 모르게 눈이 간다. 그 현실을 같이 알아가면서 고통이라도 같이 느끼고자 해서다. '대출받아 스펙 만들기' '졸업문 나서니 실업문' '졸업장은 빚 문서' 등 기사제목도 심란하고 '88만원 세대', '인턴 세대', '트라우마 세대' 등등 청년실업자에게 붙이는 용어도 다양하다. 근래 졸업 후 취업 준비 3년여 만에 겨우 취업한 한 젊은이가 책을 썼다고 보내왔다. 취업 준비의 고통스런 시간을 잘 묘사하고 있어 군데군데 인용해본다.

"나는 무소속이었다. 직업란에 '학생'도 '회사원'도 아닌 '기타'를 선택해야 하는 사람. 만 15세는 넘은지라 경제활동 능력은 있으되, 오직 용돈을 소비하는 방식으로서만 그 능력을 발휘하는 존재. 대통령, 경제부총리, 나아가 온 사회 구성원의 우환이었던 청년실업자. 그게 바로 나였다. ……백수시절 말기. 내 잇몸 속에 엄지손가락만한 종양덩어리가 생겼는데, 나는 그 물질이 고통과 스트레스로 구성되어 있었다고 믿는다. 백수 생활은 그렇게 괴로웠다. ……스타벅스에 혼자 앉아서 신문 스크랩을 하고 있으면 참 부끄럽다. 식은 커피를 들이켜 가며 칼과 풀을 쥐고 신문을 오려 붙이는 여자애를 보면 남들이 뭐라고 생각할까. 그래도 굳건히 스타벅스에 앉아있는 건 집에 있는 것보단 덜 뻘쭘하기 때문이다. ……집에 있으면 눈치 보이니까 도서관에 가고, 도서관에선 졸리니까 엎드려 자고, 어느새 엎드려 자는 게 편안해지고, 심지어 누워 자는 것보다 편한 것 같고, 어느 날은 너무 오래 엎드려 자고 일어났더니

앞이 안보여 놀라고, 십분 후 정상 시력으로 돌아온다는 걸 알게 되고. 그러니까 그 후로는 놀라지도 않고…… 아무 것도 생산하지 못하는 우리들의 젊음이 또 그냥 지나가려 하고 있었다. 어디선가 일만 할 수 있다면 영혼이라도 팔 것 같았다. 그렇게 그 해가 꼴까닥 넘어가기 직전……솔직히 내 인생에서 그처럼 기쁜 날은 없었다."

(유재인, 《개청춘 위풍당당》, 2010)

이런 학생들과 졸업생들을 바라보는 선생의 마음은 한없이 무겁다. 곱게 기른 딸이 혼기가 찼는데도 시집을 못가는 것을 바라보는 아버지의 심정이겠고, 공을 들여 만든 물건이 팔리지 못하고 재고로 쌓이는 것을 지켜보는 사장의 마음이 이러할까. 더욱이 사립대학은 운영자금의 압도적 부분이 학생 즉 고객들의 등록금에 의존하고 있는데, 학교는 4년간 등록금만 꼬박꼬박 받아먹고 건네주는 것은 값싼 졸업장 증서일 뿐이다. 해마다 되풀이되는 등록금 투쟁이 말해주듯 등록금이 학생과 그 가정에 주는 경제적 부담은 무척 크다. 학자금 대출을 받아 대학을 졸업한 많은 학생들은 졸업과 동시에 기천만원의 채무를 부담하고 있는 빚쟁이가 되기도 하니, 졸업장이 빚 문서라는 말이 허언은 아닌 게다. 또한 많은 학생들이 등록금을 조달하기 위해 레스토랑에서 서비스를 하고 편의점이나 주유소에서 각종 아르바이트에 매달리고 방학 중에는 건설노동자로 일하는 경우까지 있다고 하니 마음이 무겁다. 그렇게 저마다 사연과 눈물이 있는 돈들에서 적지 않은 월급을 받고 산다는 것이 심히 괴로운 일이다. 학생들이 학교가 나에게 해준 게 뭐냐고 따진다면, 등록금을 환불해달라고 한다면 할 말이 없을 듯하다.

물론 대학도 나름대로 취업률을 높이고자 애쓰고 있다. '1교직원 1학생 취업시키기' 같은 캠페인 행사를 벌이고 동문 기업 등을 찾아다니며 배려를 부탁하기도 한다. 각종 토익 강의 같은 것은 기본이고 면접 요령을 배우는 강좌라든가 또 기업의 각종 설명회 등을 유치하느라 대학의 취업지원 부서는 바쁘게 움직이고 있다. 그러나 워낙 일자리가 부족하다보니 그 효과도 그리 크지 않은 듯하다. 과거 고도 성장기에는 부모들이 허리띠를 졸라매고 논밭을 팔아서라도 대학 졸업생 하나를 키워내면 웬만한 기업에 들어가 밥벌이를 하고 집안에 보탬이 될 수 있었다. 이에 편승하여 대학은 '우골탑'이라는 소리를 들어가면서 급격히 양적인 확장을 해왔다. 이제 졸업생의 5-10%도 대학 교육이 의미를 갖는 자리에 취업시키지 못하는 오늘의 현실에서 과연 대학의 존재 의미는 무엇인가를 되새겨보지 않을 수 없다.

게다가 대학은 기업들로부터는 신입 사원을 재교육하는 데 많은 비용이 들어간다며 당장 일선에 투입할 수 있는 인재를 배출해야 한다는 야단을 맞는다. 그러나 그런 다양한 기업의 요구에 맞는 맞춤식 교육을 어떻게 해야 하는지 난감하기만 하다. 근본적으로 대학이 취업률을 높이고자 애쓸수록 대학의 존재 의미는 더욱 혼란에 빠진다. 또한 지식기반 사회의 도래로 실용적 지식의 변화 주기가 급속히 빨라지면서 대학 4년의 공부라는 것은 그 의미가 급속히 작아지고 있다. 특정 직업군에 대비한 직업 교육의 의미를 갖는 것은 더욱 어려워지고 결국 전공 분야에 대한 약간의 경향성을 띤 교양 교육에 그칠 수밖에 없는 것이 현실이다.

결국 문제는 그간 고도 성장기에 맞추어 대학 산업이 과도하게 팽창되어왔다는 점이다. 사회적으로 너무 과도한 투자가 이루어진 것이다. 이제 학생을 못 채우는 대학들의 등고선이 계속 북상 중이라고 한다. 이제 대학들도 서서히 이른바 출구 전략을 짜야 할 것 같다. 가만있어도 아직까지는 학생들이 서로 뽑아달라고 몰려온다며 대책 없이 있거나, 오히려 건물 더 짓고 교직원 더 뽑고 하며 투자를 늘리다가는 더 큰 어려움에 봉착하게 될 것이다.

우선적으로 고려할 것은 소비자들의 입장에서 대학의 투자효율성이 급격히 떨어진 만큼 그에 상응하여 제공하는 서비스의 가격 즉 등록금을 획기적으로 낮추는 방안을 모색해야 할 것이다. 예컨대 대학의 방학 때도 시설을 풀가동하여 2년만에도 조기 졸업을 시킨다거나, 더 많은 시간제 강사들을 씀으로써 원가를 절감해야 한다. 그리고 부득이 취업률이 현격히 떨어지는 학과나 학문 영역은 대폭 통폐합하고 정리할 수밖에 없다. 학문의 진흥이라는 고상하고 공적인 가치의 추구를 소비자의 주머니에 의존하는 대부분의 사립대학들이 감당할 이유가 없다. 그리하여 많은 대학들이 철저히 직업학교로 재편되어야 한다. 졸업생을 취직시키지 못하는 대학들은 팔리지 않는 물건을 만드는 회사가 망하듯 역시 망하는 것이 순리다. '이곳에서 꿈은 현실이 된다' 등등 감언이설로 꼬여다 4년간 등록금만 빼먹고 값싼 졸업장 하나 쥐어주고 냉혹한 사회에 내동댕이치는 것은 거의 사기에 가까운 행태라고 보아야 한다. 아울러 지금의 2~3년제 대학들이 진정한 직업교육기관으로 강화되고 대학을 졸업하고서도 필요에 따라 이러한 기관을 거치는 것이 특이한 모습이 되지 않아야 한다. 하기는 대통령도 대학 나온 졸업생들을 대상으로 기술교육을 시켜야 한다고 주문하고 있지 않은가.

또한 대학이 고교 졸업생들을 받아 가르친다는 관념에서도 벗어나야 한다. 적극적으로 평생학습기관의 길을 가야 할 것이다. 지식 시장에서 소비자들이 돈 내고 사 갈 만큼의 경쟁력 있는 지식상품을 판매하여 돈 있고 시간 있는 유한계급들의 주머니를 공략해야 한다. 앞으로 미래의 대학이 어떠한 모습일지 누가 예측할 수 있겠는가. 다만 자본주의 사회의 일부로서 대학이라는 성인 교육기관은 소비자들의 주머니에 의존하는 만큼 소비자에게 그 값어치를 되돌려주는 기관인 한에서 존속해 나갈 수 있을 것이다.

대학 등록금 반값, 가능한가

현재의 대학 체제가 운용되는 상황을 지켜보면 두 가지 서로 모순적인 현상이 나타나고 있다. 하나는 외환위기 이래로 장기간 지속되어 왔고 이제는 거의 구조화된 청년실업 현상이다. 즉 4년제 대학을 졸업하고 그에 걸맞은 정규직 직장을 얻는 것이 갈수록 힘들어지고 있으며, 비슷한 교육을 받고 비슷한 일자리를 원하는 졸업생들 사이에서 그 경쟁은 격화되고 있으며, 대학 브랜드도 그리 큰 차이를 가져오지 못하고 있다. 이것이 의미하는 바는 대학교육의 투자효율성이 급격히 악화되고 있다는 것이다. 즉 4년간의 대학교육을 받기 위해 들이는 시간과 등록금 및 부대비용의 물질의 투자가 상당부분 의미 없거나 낭비적인 투자가 되고 있다는 점이다.

이에 반해서 대학 입학 경쟁률은 차치하고라도 대학 등록금은 갈수록 인상되고 있고 이제는 우리의 소득 수준을 감안할 때 감내하기 힘든 수준까지 왔다. 이것은 수요자들로부터 강력한 저항을 불러일으키고 있으며, 대학마다 등록금 투쟁이 연례행사가 되고 있다. 정부는 정부대로 학자금 대출, 등록금 후불제 등의 방안을 마련하고 있지만 학자금 대출은 높은 이자로 인해 젊은이들이 대학 졸업과 동시에 고액의 채무자로 출발하도록 하고 있고 미상환 연체금액이 수천억 원에 이르고 있다.

대학교육의 투자효율성은 이처럼 급격히 떨어지고 있는데 교육 서비스의 시장가격은 왜 계속 오르는 것일까? 그것도 개별 서비스 상품의 브랜드 가치와도 상관없이 획일적으로 말이다. 물론 이것은 대학교육이 시장원리에 의해 지배되는 것이 아니라, 강력한 '대학교육 만능' 이데올로기에 우리 사회가 사로잡힌 결과 수요자들에게는 다른 선택이 없다는 점을 드러낸다. 따라서 등록금은 준조세적 성격을 띠게 된다.

대학교육 만능의 이데올로기를 깨는 것은 상당한 시간이 필요하겠지만, 현실적으로 등록금이라는 준조세의 부담이 너무 가혹하여 그로 인한 고통의 소리가 너무 높다. 이런 점에서 현실적으로 시급한 조치는 등록금을 대폭 낮추는 일이며, 이는 대학교육의 원가비용을 낮추는 문제와 맞물려있다.

교육 서비스의 원가를 낮추는 것은 크게 두 가지 방면에서 가능하다. 대다수 사립대학 재정은 압도적으로 등록금 수입에 의존하고 있으며, 이 중 대략 절반 이상이 인건비 즉 전임 교수들의 월급과 강사들의 강사료로 나간다. 물론 전임 교수들의 월급이 90% 이상을 차지한다. 그렇다면 대학이 가장 손쉽게 원가를 낮출 수 있는 방법은 강의의 대부분을 강사들로 대신하게 하고 전임 교수의 강의 담당 비율을 대폭 낮추는 것이다. 이것은 수요자들에게 반발을 받을 염려도 없다. 사실 학생들 입장에서는 강의를 전임 교수에게서 듣건 외부 강사에게서 듣건 차이가 없다. 전임 교수가 더 나은 강의를 한다는 아무런 보장도 없다. 오히려 외부 강사가 학생들에게 더 큰 인기를 끄는 경우는 비일비재하다. 그러므로 대학당국이 전임 교수의 비율을 대폭 낮추고 그 절감비용을 등록금 인하를 통해 학생들에게 돌려준다면 학생들은 대환영일 것이다.

사실 대부분의 대학들도 이런 길을 가기를 간절히 원한다. 그런데 감독관청에서 자꾸 전임 교수확보율 60%니 하는 것을 내세우며 전임 교수의 비율을 채우라고 한다. 이 기준을 각종 지원의 수혜자격과 연결시키고, 각종 외부 평가에서도 이 항목이 많은 비중을 차지한다. 물론 이러한 기준에도 합당한 이유와 장점이 있지만 현재 대학 체제의 운영에서 일차적인 정책 목표는 원가를 낮추어 공급비용을 인하하는 데 맞추어져야 한다.

또 하나 원가를 낮추는 데 중요한 것은 교육기간의 단축이다. 전문대학을 제외하면 현재 대학 교육 과정은 4년 과정으로 짜여있고, 학생들은 대개 6-7년 동안 대학에 적을 둔다. 4년이라고 하지만 연간 대략 7개월 정도만 과정이 운영되고 나머지는 방학으로 휴무 기간이다. 필자는 대학에 있으면서 방학 기간에 절간처럼 조용한 캠퍼스를 걸으며 출근할 때, 그리고 큰 건물마다 몇 나오지 않는 교수들을 위하여 냉난방 시설이

가동될 때 대학이 너무 방만하게 운영되고 있다는 생각을 한다. 수백억을 들여 지은 건물은 이용하지 않아도 공사비의 10%가 관리 비용으로 고정적으로 지출된다. 또 대학에 입주한 많은 업체들은 1년 중 절반은 매출이 뚝 떨어져 울상을 짓고 있다. 일반 기업으로 치면 상상할 수 없는 낭비가 이루어지고 있는 것이다. 또 학생들도 늘어질 대로 늘어진 4막 8장의 과정을 거치면서 젊음을 무기력하게 보내고 있다. 그래서 필자는 대학의 교육 과정이 1년에 3학기 내지 4학기제로 운영되어 연중 쉴 새 없이 돌아가야 한다고 생각한다. 그래서 학생들은 불과 2년여 만에 과정을 마칠 수 있어야 하고, 학교의 모든 시설과 지원서비스는 연중 낭비 없이 가동되어야 한다. 이렇게 되면 대학교육의 원가는 또 한번 획기적으로 낮아질 수 있다.

어차피 80% 이상의 청소년들이 대학 교육을 받을 정도로 대학 교육이 대중화 내지 보편화, 아니 실질적인 필수교육이 되었다면 최대한 싼 비용으로 최대한 짧은 기간 내에 이수할 수 있도록 대학 체제 운영의 패러다임을 근본적으로 바꾸어야 할 것이다. 현재의 트렌드는 대학 교육을 통해서는 약간의 전공경향성을 띤 교양교육이 제공되고, 고급 전문 직업교육은 전문대학원에서 제공되는 것이다. 하지만 지금처럼 4년 이상 늘어진 대학 교육과 3년 이상의 전문대학원 교육이 결합된다면 그 과도한 시간과 경제적 부담은 감당하기 어려운 지경에 이를 것이다. 더구나 군대 문제까지 걸려있는 대한민국 청년들의 처지를 생각해보자. 다들 나이 서른이 넘어서 무거운 학자금 대출 상환의 채무와 긴 교육 때문에 진이 다 빠져버린 애늙은이들을 말이다.

대학들마다 질 높은 교육 서비스의 제공을 위해서는 가격 인상 즉 등록금 인상이 불가피하다고 선전한다. 그러나 수요자들이 원하는 것은 더 이상 질 높은(?) 또는 고비용의 교육이 아니라 저렴한 교육이다. 제공되는 상품들의 투자효율성을 가려 선택할 처지에 있지 않은, 거의 반강제로 구입해야 하는 수요자들 입장에서는 최소한의 품질만 보증된다면 가능한 싼 공급을 원한다는 것이다. 그런데 현재의 대학 운영체제는 이러한 소비자들의 요구에 부응하기에는 너무나 낭비적인 시스템이다.

바라건대 지금부터라도 대학들이 논의하여 값을 낮추는 싸구려(?) 교육을 어떻게 할 것인가에 대해 고민했으면 한다. 전임 교수 체제를 개혁하여 인건비를 최대한 낮추고 방학을 없애 교육기간을 단축하고 대학 시설의 활용도를 극대화해야 한다. 첨언한다면 대학에 빨대를 들이대고 달라붙는 거머리들을 떨어내야 한다. 대학 교수직을 베이스캠프로 삼고 수시로 휴직을 반복하며 여기저기를 기웃거리는 사람들, 또 다른 사회 활동에 바쁘거나 영업 활동에까지 나서는 군상들을 청소하는 것도 원가를 줄이는 데 크게 기여할 것이다. 대학 등록금을 반값 이하로 낮추는 것은 당장이라도 가능한 일이다.

대학 교수는 '현대판 유생'?

우리 사회의 학력숭배 현상의 최대의 수혜자는 무엇보다도 대학 교수들이라고 할 수 있다. 특히 이른바 '권문대(필자는 우리나라의 유수한 대학들을 명문대라는 이름보다는 '權門大'라고 부르기를 좋아한다)'의 교수들은 가히 특권계급이다.

여러 나라를 보아도 우리나라만큼 대학 교수가 과도한 사회적 인정과 신망을 받는 경우는 별로 없는 듯하다. 미국만 하더라도 손꼽히는 명문 대학들의 일부 교수는 예외겠지만 대부분의 대학 교수들은 하나의 직업인일 뿐이다. 특히 학생을 고객으로 생각하고 철저히 서비스한다는 자세가 대체로 공통적인 듯하다. 경제적 대우도 그리 신통하지 못한 듯하고 특히 돈벌이와 별 관련이 없는 학문의 경우에는 더 그러하다.

한국 사회에서 심심찮게 언론을 채우는 기사 중 하나는 사회의 각 분야에서 현역으로 활동하던 사람들이 대학으로 자리를 옮기는 것에 대한 것이고 대개는 매우 호의적이다. 현장에서의 여러 명예나 금전적인 이익을 멀리하고 후학양성이라는 고매한(?) 일에 몸 바친다는 투로 우러러보는 내용이다.

몇 해 전에는 손석희라는 스타 방송인이 방송을 떠나서 대학의 언론 관련 학과의 교수로 간다는 것이 크게 화제가 된 적도 있다. 로스쿨 바람을 타고 법조계의 실력 있다는 분들은 대학으로 자리를 옮겨가고 있다. 한 언론에는 어느 대형 로펌의 대표가 서울대로 옮겨가면서 연봉이 몇십 분의 일로 줄었다는 기사가 사회면의 톱을 장식한 바가 있고 그러한 결단을 내린 당사자에 대한 경외의 감정이 기사에 흐르고 있었다.

필자는 한마디로 이러한 풍조는 바람직하지 못한 것이라고 생각한다. 사회가 건강하고 활력 있기 위해서는 무엇보다 현장에서 뛰는 사람들이 우대받아야 하고 또 가장 능력 있는 사람이 마지막까지 현장에서 보람을 찾고 현장에 남아있어야 한다. 대학 교수로 대표되는 이론가들이란 현장에서 이루어지는 1차 재료를 해석하고 이론을 만들어보는 사람들이다. 그들의 이론이 틀리면 그만이고 사회적 영향력도 그리 크지 않다.

사회적으로 활동하다 대학에 온 분들이 공통으로 하는 말이 있다. "대학에서의 일 년이 사회에서의 한 달과 같다." 교육기관이란 전쟁으로 말하면 후방의 신병양성소이고 사회는 최전선이다. 훈련소에서 제식훈련, 사격술, 전술 등을 배우겠지만 보다 중요한 것은 실전훈련이다.

실전에 참가해본 군대와 훈련소에서 훈련만 받은 군대의 차이는 하늘과 땅 차이다. 보다 능력 있는 지휘관이 최전선에서 싸워야 하고 공적과 좋은 대우도 그들이 먼저 누려야 한다. 전선의 긴장감과 치열함이 버거워서 안락한 훈련소 교관이나 하겠다는 생각이 칭송받아야 할 이유는 전혀 없다.

근래에 로스쿨 바람에 일시에 수백 명의 법률 실무가들이 대학으로 자리를 옮겼다. 전반적으로 현장에서 나름대로 경쟁력이 있는 분들은 대학으로 옮기는 데 별로 흥미가 없었던 것 같다. 상당수는 소규모 자영업자로서 치열한 생존의 일선에서 살다가 대학에 오니 우선 시간이 많이 남아돌아 여러 가지 취미생활도 즐기는 것 같고, 자녀들 교육에도 많은 시간을 쏟는 것 같다. 무엇보다 열심히 명함을 돌리지 않아도 매달 적잖은 월급이 나오니 진작 대학으로 옮기지 않은 것을 후회할 정도로 만족하고 있단다. 한 실무가 출신 교수는 올해 대학에 들어간 딸을 꼭 교수를 시키겠다고 한다. 자신이 겪어본 몇 가지 직업 중에 가장 괜찮은 직업이란다. 무엇보다 하는 일에 비해 대우가 너무 과분하단다.

갈수록 교육기관이 상업화하고 자체목적화 함에 따라, 즉 어떻게든 미사여구로 손님들을 끌어 모아서 생존해야 한다는 것이 최고의 목적이 됨에 따라 교육과 현장과의 관계는 더욱 멀어지고 있다. 학력(學力이든 또는 學歷이든)이란 정형화된 일정한 과정의 이수를 나타내는 데 비해 실력이란 현장에 적응하여 문제해결 능력에 중점이 있는데, 학력이 점차 교육기관의 돈벌이 수단이 되고 이로 인해 의미 없는 학력의 인플레만 가속화되고 있다.

전 세계적인 현상이기는 하나 한국사회는 유난히 이러한 현상이 심하다. 학력 위조 사태는 학력과 실력 간의 괴리 내지 무관계성을 역설적으로 보여준 좋은 예가 될 것이다. 현장에서 실적으로 인정받기까지 학력이란 여러 지표 중의 하나일 뿐이라는 인식이 확대되어야 하며, 사회적으로 학자보다는 현장 전문가를 더 우대하는 기풍을 조성해야 한다.

우리의 학벌의식이라는 것도 결국은 실사구시의 정신이 자리 잡지 못한 데서 오는 병이다. 실질보다는 명분, 현장보다는 책상머리, 실력보다는 이력과 출신 등이 더 인정받는 풍토에서 나오는 병이다. 이런 면에서 필자는 우리 사회에서 대학 교수의 지위가 매우 격하되기를 원한다. 더 나아가 이론으로, 즉 입으로 먹고사는 사람들이 지나치게 우대받지 않고 따라서 그 수나 사회적 선망도가 떨어지기를 원한다. 그런 대표적인 직업군은 목사 등 종교인, 언론인, 인문사회 분야의 대학 교수들 등이다.

대학을 정년퇴임한 김종철 선생(〈녹색평론〉 발행인)은 대학 교수들의 월급을 3분의 1로 줄여야 한다는 칼럼을 쓰셨다. 이렇게 되면 정말 공부꾼들만 대학에 남을 것이라는 얘기다. 현재 대학에서 봉급을 받는 필자로서는 말하기 어려운 내용이다. 다만 바라는 것은 우리 사회의 능력 있는 인재들이 항상 대학 교수직을 최고의 혹은 최후의 목표로 삼는 것이 안타까울 뿐이다. 만일 경제적 처우가 결정적인 요소라면 그 부분을 조정하는 것도 필요할 것이다. 그러나 필자 생각에는 사회적인 인식, 즉 학문과 그 학문으로 먹고사는 부류에 대한 사회적 존중감이 더 큰 원인일 듯하다. 이것을 바로 잡아, 대학 교수란 대우도 시원찮고 누가 알아주지도 않지만 자기 시간이 많아 마음 놓고 좋아하는 공부에 전념할 수 있는 것 하나가 매력인 그런 직업군이 되었으면 한다.

일찍이 박제가 선생은 《북학의》에서 무위도식하는 유생(儒生)들이 도태되어야 조선이 희망이 있을 것이라고 설파하였다. 오늘날 한국 사회의 일차적인 유생 그룹은 '연구'라기 보다는 '연구업적관리'를 하면서 대학이라는 제도에 안주해있는 대학 교수군이 아닐까 한다. 그리고 이러한 유생군에 합류하기 위해 상국(上國)에 무수히 나가있는 유학생들이 아닐까 한다. 더 나아가 이러한 유생군에 합류하는 일차적 관문이 되는 '권문대' 입학을 위해 불철주야하는 청소년들 역시 이에 포함되는 것 아닐까.

마침 늦은 나이에 교수가 되어 몇 년을 지내본 분이 대학 교수는 무엇으로 사는지에 대하여 솔직한 감회를 적어놓으셨다. 공감이 간다.

"나에게 대학 교수직은 직업인가 소명인가? 잠깐 망설이지만 결국 직업이라고 대답한다. 최소한의 소명의식을 견지하려고 애는 쓰지만 직업으로서, 밥벌이로서의 비중이 더 직접적이고 절대적이기 때문이다. ……노후에 대한 대비도 어느 정도는 해나갈 수 있으며, 음악이나 사진 같은 고급 취미생활에도 적지 않은 돈을 들일 수 있는 것이다. 대학 교수로서 가르치고 공부하는 일은 솔직히 말하면 그 견고한 물질적

토대위에 얹혀진 추가 옵션과 같은 것이라고 할 수 있다. 그러니 필자에게도 대학 교수직은 소부르주아적 삶을 보장해주는 확실한 철밥통임에 틀림없다."

(김명인, 〈황해문학〉 2010년 봄호)

전임 교수제는 정당한가

앞에서 소개한 그 분, 우리 사회의 교원 임용의 폐해를 한 몸 바쳐서 고발하고 떠나가신 분의 이름은 한경선 씨다. 이 분은 시간 강사들의 모임에 의해 열사가 되었고, 얼마 전 2주기 추모미사가 있었는데, 그 날은 '대학강사 교원지위 회복하는 고등교육법 개정안 의결 촉구' 국회 앞 텐트 농성 906일째였다고 한다. 그녀가 생명을 던져 메아리치는 호소에 우리 사회가 할 수 있는 답은 대체 무엇인가. 이것이 문제제기가 된지도 수십 년이 되었는데 이것이 해결되지 못한다면 과연 대학 사회의 도덕성은 어디서 찾아야 하는가.

한경선씨의 죽음에 대한 기사를 보면서 필자는 언론이 포커스를 맞춘 강의 교수나 시간 강사 등 이른바 비전임 내지 비정규직 교수들에 대한 대학 사회의 착취에 대한 공분보다는 다소 냉정한 현실 분석을 먼저 떠올렸다. 한국 사회에서 전임 교수가 되는 것은 매우 어렵다는 점이다. 그래서 이것을 삶의 목표로 삼고 투자하는 당사자들은 상당히 위험부담이 많은 길을 간다는 것을 냉정히 인식해야 한다. 전임 교수 공고 시 경쟁률은 보통은 10대 1이 넘고 전공에 따라 특히 예체능계 등은 100대 1은 가볍게 넘는 것이 다반사다.

필자 친구의 아내도 유럽 유명 대학에서 피아노를 전공하고 국내에서 다수의 연주회도 가지면서 노력했지만 끝내 피아니스트의 길을 포기하고 지금은 다른 사업을 하고 있다. 한경선 씨가 몸담고 있던 어문계열 특히 영문학이나 영어교육학도 만만치 않은 경쟁률을 기록하고 있으리라. 교수가 되기 위해서는 대체로 전공을 불문하고 외국 학위가 필요하기 때문에 인생의 황금기에 많은 학비와 체재비를 들여 장기간 공부해야 한다. 외국에서 학위를 딴 후 귀국해 여기저기를 두드려 보는 것인데, 그 결과는 미지수이므로 이런 길을 가는 사람은 이른바 '벤처 투자'를 하는 것이다. 일이 잘 풀리면 전임 교수가 되어 65세까지 안정적인(지금은 다소 흔들리고 있다지만) 경제적 지위, 그리고 '교수 왕국'의 사회에서 상당한 사회적 인정도 누리며 만족한 인생을 살 수도 있지만, 일이 잘 안 풀릴 때는 빼도 박도 못하고 딜레마에 빠져 버리는 것이다. 비정규직 교수의 20%가 자살을 생각해본 적이 있으며, 절반이 우울증 증세가 있다는 여론 조사가 이러한 상황을 잘 대변한다.

역설적으로 말하면 교수 시장에는 투자의 대원칙, '고위험 고수익(high risk high return)'이 철저히 적용되고 있는 것이다. 더구나 집안이 상당히 여유가 있어 혹시 교수가 못되거나 대기 시간이 길어지더라도 버텨 나갈 수 있는 경우는 좀 낫지만, 한경선 씨처럼 극빈한 가정에서 그나마 안정된 교사직도 버리고 늦은 나이에 이 길에 뛰어드는 것은 그야말로 인생을 '올인'하는 것이다. 그리고 그 뒷감당을 못하게 되면 이런 극단적인 선택으로 내몰리는 것이다.

기득권자의 한가한 훈수라고 비난받겠지만, 필자가 하고 싶은 말은 '자기 책임의 원칙'이다. 투자에 앞서 모든 사정과 경우를 잘 형량하고 가능한 한 모험적 투자는 자제해야 한다는 것이다. 그리고 투자에 들어갈 경우에는 최악의 경우를 상정하고 이를 받아들여야 한다. 섣부른 낙관적인 생각이나 자기기만에 빠져서는 안 된다. 근본적으로 학문이 천시되어 학문으로 밥 먹고 살겠다는 지원자들이 대폭 감소해야 한다. 결론은 다시 하나, 우리의 꽉 막힌 숭문적 가치체계를 허무는 것이다.

그러나저러나 이 기막힌 현실은 어떻게 풀어가야 하나? 이미 이주호 교육과학기술부 차관이 지난 2007년 대학 강사에게 교원 지위를 부여하고 이 과정에서 필요한 돈을 국고에서 상당 부분 부담하도록 하는 고등교육법 개정안을 대표 발의하였다. 하지만 한국대학교육협의회 등 이해당사자들이 국회 교육위원회 소속 의원들에게 압력을 넣고 개정안을 통과시킬 경우 낙선 운동하겠다고 협박도 하고 해서 결국 이 안은 자동폐기 되었다고 한다. 18대 국회에도 다시 개정안이 상정되긴 했으나 어찌 될지 알 수 없다.

핵심 문제는 그들에게 형식적으로 어떠한 지위를 주는 것이 아니라 그들이 강의만을 해서 생계가 해결될 수 있도록 해주는 것이다. 그것은 한마디로 돈 문제다. 지금 대부분의 사립대학은 오로지 등록금만으로 운영되고 있으며 그 중에서 절반가량 또는 그 이상이 인건비로 쓰이고 있다. 이미 천만 원에 육박하는 등록금 인상이 거대한 저항에 부닥치고 있는 상황에서 비정규직 교수의 처우 개선은 한정된 인건비를 갈라먹는 길 밖에 없다. 즉 전임 교수의 임금을 30-40% 삭감하고 그 돈을 비전임 교수에게 돌리면 된다.

그런데 이런 일은 일어나기 어렵다. 대학 간의 교수 이동이 가능한 시장에서 일정 수준의 교수인력을 잡아두려면 일정 수준의 대우를 하지 않을 수 없을 것이다. 개별 대학으로서의 합리적인 선택은 적정 수의 전임 교수에게 타 대학만큼의 대우를 해주고 그로 인한 재정부담은 상대적으로 조달이 쉬운 비정규직 교수의 희생으로 메우는 것이다. 교육부가 이러한 시장원리나 시장가격을 통제하려고 하면 할수록 대학은 여러 가지 편법을 쓰게 되고 그 대표적인 것이 이른바 강의 교수니 비정년 트랙교수니 하는 이상한 명칭을 가진 교수군들의 난립이다.

필자는 오래 전부터 답답한 마음에 차라리 대학의 전임 교수제를 철폐하자는 주장을 해오고 있다. 요지는 이러하다. 강사의 처우 개선을 요구하는 측에서 제시하는 가장 중요한 근거는 이른바 '동일노동 동일임금의 원칙'이다. 사실 강사나 교수나 정작 강의를 듣는 소비자인 학생들에게는 차이가 없으며 둘 다 똑같이 학점을 준다. 때로 강사들 중에서 인기도 있고 충실한 강의를 하는 사람들도 적지 않으나 단지 강사라는 이유로 매우 헐값에 팔리고 있는 것은 모순이다. 그런데 동일노동 동일임금의 원칙을 적용하려면 먼저 강사와 전임교원의 임금체계가 같아 비교의 지표가 있어야 한다. 현재 강사는 강의 시간당 시간급만을 받으나 전임교원은 완전 월급제다. 즉 전임 교원은 실제로는 강의라는 노동의 대가로 임금을 받는 것임에도 임금의 기준은 오로지 직급과 호봉이다. 따라서 전임 교원이 강사에 비해 어느 정도 동일노동에 대해 우대를 받는 것인지가 불분명한 것이다.

결국 현재 전임 교수의 보수 체계가 강사들과 같이 강의 시간에 따른 대가적 성격으로 바뀌는 것이 바람직하다고 본다. 강의 경력, 연구 실적, 학생들의 강의 평가 등을 종합하여 등급이 정해지고 그 등급에 상응하는 시간당 강의료를 받으면 된다. 그리고 전임으로서는 전임의 역할에 상응하는 약간의 수당을 더 받으면 되는 것이다. 이렇게 전임 교수의 보수 체계가 강사와 같이 일원화되면 이제 동일노동 동일임금의 원칙을 피해나가기 어려울 것이고 이것은 자연스레 전임 교수와 강사의 차별적 처우를 획기적으로 완화시키게 될 것이다. 그 외 연구 활동의 진작에 대해서는 교수나 강사의 차별 없이 실질적인 연구자를 지원할 수 있도록 연구기금을 운용하는 것으로 족할 것이다. 요컨대 현재의 강사의 처우 개선은 대학의 특권층을 만들어내는 전임 교수 체제를 근본적으로 변화시키지 않고서는 그 해결이 난망하다. 전임 교수 측에서도 기득권을 버리는 자세로 현재의 착취 체제인 교수와 강사의 이원 체제를 타파하는 데 동참해야 한다.

현재의 시간 강사 문제를 해결하는 또 하나의 관건은 고등교육의 소비자인 학생들이 들고 일어나는 것이다. 열악한 강사의 처우는 곧바로 강의의 질의 저하를 가져오는 것이고 이것은 학생들의 학습권을 침해하는 것이기 때문이다. 갈수록 인상되는 고액의 등록금을 내면서도 강의의 절반을 시간당 3만여 원의 '싸구려 강의'로 들어야 한다는 것은 제대로 권리의식을 가진 학생이라면 묵과하기 어려운 파행적 상황이 아닌가. 학교 재원의 압도적 부담자인 학생은 학습권의 하나로 싸구려 강의를 거부할 권리가 있다.

시간 강사의 문제는 단순히 약간의 예산을 더 배정하는 선심성 미봉책으로는 해결되지 않는다. 우리 대학의 전임/강사의 이원구조를 철폐하는 근원적인 체제 변화가 모색되어야 한다. 그것은 현재의 우리의 무기력한 대학을 더욱 경쟁과 활력이 넘치는 장소로 바꿀 것이고 그 혜택은 전부 강의의 수요자인 학생들에게, 나아가 온 사회에 돌아갈 것이다.

외국 유학 망국론

신문기사를 보니 "미국의 한국 유학생 10만 명, 인도 · 중국 제치고 3년째 1위"라는 기사가 눈에 뜨인다. 2005년 8만여 명에서 2006년 9만여 명, 2007년 10만여 명으로 매년 1만여 명씩 꾸준한 증가 추세를 보이고 있으며, 인도 출신 유학생은 8만 8,000여 명으로 두 번째로 많았고 중국(7만 2,000여 명)이 3위라고 한다. 특히 매년 갑절로 뛰는 초 · 중 · 고학생의 미국유학(2007년 약 1만 5,000명)이 큰 영향을 끼쳤다고 한다. 단순 수치를 넘어서 인구 비례로 보면 가히 인도나 중국의 몇 십 배가 되는 수치고 4만여 명의 일본과 비교해도 7–8배나 되는 수치다.

우리나라의 유학의 역사는 길다. 중국 문화권의 변방으로 살아왔던 긴 세월동안 중국으로의 유학은 출세의 지름길이었다. 역사적으로 유명한 통일신라 시대의 최치원은 불과 12살에 조기유학을 하여 중국의 과거에 급제하고 당시 세계제국이었던 당나라의 지방 관리까지 지낸 매우 성공한 케이스였다. 결국에는 모국에 돌아왔으나 성골, 진골을 따지는 신라 사회의 한계에 갇혀 좌절을 겪은 인물로 알려져 있다. 고승이 되고자 해도 의상대사니 혜초대사 등처럼 중국 유학이 필수였고 원효 같은 국내파는 오히려 예외적이었다. 고려 시대에는 원나라의 지배를 받으면서 왕자들이 인질 겸 부마로서 원의 수도에 체재함에 따라 역시 많은 인재들이 유학을 갔고 그를 발판으로 세도와 영화를 누리기도 하였다. 그 후 명나라와 청나라 때에도 체계적인 유학은 아니지만 한문을 공통어로 쓰는 문화적 일체감 속에서 많은 지식인들이 중국 사절단의 일원이 되는 행운을 잡아 한 수 배우곤 했다. 조선 말기 추사 김정희 선생의 젊은 날의 북경행은 그의 학문에 결정적 자극을 주었고 연암 박지원 선생의 여행도 그의 안목을 바꾸어 놓아 여행에 관한 그의 기록은 오늘날 《열하일기》로 전해져 고전이 되었다.

일제 강점기에는 많은 지식인들이 일본으로 신문물을 배우기 위해 유학을 떠났고 그를 발판으로 식민지 사회에서 그리고 해방 이후에도 지일파로서 많은 혜택을 누렸다. 1950년대 이후로 한국이 미국의 압도적인 정치 · 경제적 영향아래 놓이면서 미국 유학이 이 땅의 모든 젊은이들의 동경의 대상이 되었다. 그리고 미국 유학 및 학위는 출세의 보증수표가 되었고 학계는 미국 학위자들의 점령지가 되었고 이것은 갈수록 강화되어왔다. 오늘날도 미국 유학은 여전히 야망 있는 한국의 젊은이들에게 엘도라도가 되고 있고, 이제는 더 나아가 청소년들과 어린이들까지 부모의 손에 이끌려 밟아야 하는 성지순례가 되고 있다.

미국 유학생 10만 명 시대, 더구나 그 중 1만 5천여 명의 청소년과 어린이들이 미국 전역에서 고생하고 있고 덩달아 가족들이 생이별을 해야 하는 '기러기 가족'이 일상화된 시대, 이를 어떻게 이해해야 하는가 또 어떻게 풀어가야 하는가는 참으로 어려운 일이다.

도대체 오늘날 한국에게 미국이란 무엇인가를 질문하는 것부터 시작하지 않을 수 없다. 냉정히 말하자면 예컨대 일본과 미국 또는 덴마크와 미국처럼 정상적인 나라 대 나라의 관계는 아닌 것 같다. 그것은 미국의 군대 수만 명이 한국의 수도 한복판에 주둔하고 있다는 정치적인 측면보다는 우리 사회의 심리상태 특히 지식인들이 미국을 철저히 내재화하고 있다는 것이다. 예컨대 한국의 대학에서 학생을 가르쳐 월급을 받으면서도 자기 자식들은 미국의 학교나 대학에 보내는 것을 당연하게 또는 자랑스럽게 생각한다. 국내 분유회사 사장이 자기 자식들한테는 수입 분유를 먹이는 것과 비슷하다. 조선의 사대부들이 자신을 소중화라고 부르며 중국을 부모의 나라와 생각했던 것과 비슷하게, 우리 사회의 심리상태는 우리를 '리틀 아메리카'로 생각하도록 몰아가고 있다. 미국은 전 지구적 일극 체제의 중심이며, 미국에 기대고 뿌리를 내리는 것이 자신들과 자식들의 인생에 대한 가장 큰 보장이고 가장 실효적인 이익을 갖다 줄 것을 믿어 의심치 않는다. 유학 생활 중 아이를 낳아서 아이에게 미국 시민권을 안겨주는 것이야말로 아이에게 가장 넓은 선택지를 만들어주는 것으로 부모의 자부심이 되고 있다. 한 재벌가의 며느리가 미국에 원정 출산을 감행함으로써 보수 언론의 칼럼에서까지 호된 질책을 받은 바가 있지 않는가.

많은 지식인들이 미국적 가치관과 미국적 생활방식을 흠모하고 미국인들은 가장 열린 마음을 가진 사람들이고 가장 동정적인 사람들이며 특히 우리나라를 한국전쟁의 참화와 망국의 풍전등화에서 구해준 나라니 아무리 감사해도 모자람이 없는 나라라고 생각한다. 마치 임진왜란 후 200년간 재조지은(再造之恩)의 덕을 생각하며 명나라를 추모한 조선 사대부들과 조금도 다름이 없다. 미국에서 안식년을 보내던 시절 한 한인교회에서는 한국전쟁 주간을 맞아 참전 용사들을 모셔다가 대접하고 감사의 뜻을 표했다. 여기까지는 좋았는데 교회의 목사가 하는 말이 더 나아가 미국이 우리나라를 베트남전에까지 참가할 기회를 주어서 돈을 벌게 해주었고 그것으로 경제성장에 도움이 되었으니 미국에 감사해야 된다고 했다.

다시 교육 문제로 돌아가자면, 이러한 상국의 대학 그것도 이름 있는 대학에 유학한다는 것은 대단한 휘광을 얻는 것이며 그 신분까지 바꾸기에 충분한 것이다. 글로벌화가 진척되기 이전에는 대개 대학을 마치고 유학을 가는 것이 보통이었으나 점점 그 시기가 당겨지고 있다. 대학 학부 교육부터 받겠다고 유학을 가기 시작하더니 10여 년 전 어느 유명인의 아들이 중학교 때 유학을 가 하버드 대학에 갔다는 것이 화젯거리가 되면서부터, 그리고 글로벌리제이션이니 뭐니 하면서 이제는 초등학생까지 이 영원한 상국의 교육 세례를 받아보겠다는 순례자의 대열에 합류하기 시작했다.

어느 미국 교포 여성은 자식을 좋은 대학에 보낸 경험을 기초로《서울대보다 하버드를 겨냥하라》라는 책을 펴냈다. 이것은 몇 십 년간 무풍지대에서 목에 힘주던 국내 일류 대학의 대학서열의 독점적 이익에 금이 가지 시작했음을 알려주는 신호탄이었다. 국내의 외국어 고등학교에서 경쟁적으로 해외 유학반을 만들어 한해에 수백 명이 국내 일류 대학을 가볍게 여기고 미국의 이름 있는 대학으로 직행표를 얻는 것이 유행이 되었고, 국내 일류 대학들은 가만히 앉아서 이류대학으로 전락하고 있다. 또 미국 대학의 진학을 거쳐 국내 대학으로 유턴하기도 하고 국내 대학이 이제 미국에 분교를 세우니 특별전형을 하니 하면서 우리 대학 교육은 점점 미국의 교육 체제와 얽히는 관계가 되고 있다.

그간 우리 사회에서 학문은 특히 고급이니 선진이니 하는 학문은 외래에서 들어와야 하는 박래품(舶來品)이었고 그 압도적 발신지는 미국이었다. 여전히 국내 신임 교수의 절반은 외국 학위자고 그중 70%이상은 미국 학위자다. 의대 등을 제외하면 이 수치가 많이 올라갈 것이다. 그리하여 학문과 학문하는 자에 대한 동경, 학문에 주어지는 혜택 등은 유학에 대한 동경, 해외 학위자에 대한 선망과 특권으로 이어졌다. 미국 대학의 세례를 받는 것에 대한 우리 사회의 종교적인 열정이 바로 미국 유학생 비율이 압도적으로 세계 1위라는 결과를 낳았던 것이다.

조선의 의식 있는 사대부들이 어렸을 때부터 한문을 배우며 중화문화를 제 것으로 체화하기 위해 수많은 연단을 거쳤음에도 결국 조선인으로서의 정체성에 부딪혀 많은 고민을 한 것을 우리는 알고 있다. 박제가 같은 진보적인 지식인도 차라리 중국어를 우리말로 하자는 주장까지 하며 말과 글의 불일치에서 오는 근원적인 고통을 피력한 바 있다. 미국 학문은 근본적으로 그 뿌리를 유럽의 오랜 전통에 두고 있다. 우리 지식인들 또한 이런 서양 문명의 영향을 받고 그것에 능숙해지는 것이 출세의 지름길임을 알고 그것을 파고들수록 학문적 회의와 자신의 정체성에 대한 고민도 깊어지는 딜레마에 빠져 방황하고 있는 것은 아닐까.

몇 해 전 신모라는 여성의 가짜 예일대학 학위 파동으로 온 사회가 시끄러웠고 이에 속은 한국의 모 대학과 예일대학 간에 책임문제로 소송까지 진행되고 있다. 한국의 최고의 지성인 집단의 눈마저도 멀게 만드는 미국 유명대학의 학위로 인한 소동은 우리의 지적 종속 상태의 벌거벗은 모습을 보여주고 있다. 더 이상 우리 사회가 외국학위에 조롱당해서는 안된다. 외국학위의 진위는 물론 그 내용의 질에 대하여서까지 엄정한 검증절차가 확립되어야 한다. 더 근본적인 것은 우리 사회가 외국유학에 대한 환상에서 벗어나는 것이다. 그리하여 학문의 자생력을 키워나가야 한다. 깊이 뿌리내린 학문의 자생력이 있어야 이웃 일본처럼 외국에 한 번 나가보지도 않은 과학자가 노벨상을 타는 것이 자연스러운 기적(?)이 일어날 수 있는 것이다.

필자는 유학 반대론자는 아니다. 뒤떨어진 분야에서 현지의 공부가 필요하다면 그만큼만 하면 되는 것이고 그 후에 실전에서 결과물이 나타나면 된다. 외국 대학 유학자는 금박 입힌 유명대학의 학위 증서를 내세울 것이 아니라 우리 사회의 발전에 도움이 되는 업적을 내놓음으로써 평가를 받아야 한다. 사실 상당한 시설이나 자본이 투입되는 이공계의 일부 분야를 제외하고는 굳이 외국 유학이 필요한 학문 분야는 그리 많지 않다. 무엇보다 오늘날 모든 정보가 공개되고 클릭 하나로 외국의 최신 저널을 그 자리에서 검색할 수 있는 환경에서 장기적인 외국 체류의 의미는 축소되고 있다. 오히려 인문사회과학 분야에서는 외국 유학이 가져오는 사고의 종속이라는 부작용이 더 크다. 그래서 필자는 항상 유학(留學)이 아니라 유학(遊學)을 해야 한다고 주장하기도 한다.

요컨대 우리 사회를 짓누르는 정신병인 학문에 대한 맹목적인 숭상은 그 변종인 외국 유학에 대한 숭배로 증세가 심화되고 있고, 우리의 정신적 기반과 정체성을 허무는 정신적 사대주의의 근원이 되고 있다. 미국 유학생 10만 명! 이것은 우리 사회의 정신분열증이 한계상황에 이르고 있음을 보여주는 수치다. 학군이 좋다는 미국의 공립학교마다 한국 학생들이 넘쳐나 점점 더 미국 내에서 오지를 찾아가는 한국인들, 한인 교회나 한인 타운을 일 없이 무리지어 다니는 우리의 청소년들과 그들의 스트레스, 성인 유학생으로 와서 목표도 없이 젊은 세월을 보내는 사람들 등등. 그런데도 일부 언론은 최근 미국에서 박사학위를 취득한 사람들의 출신 학부에 관한 미국정부의 통계에서 처음으로 한국의 서울대가 1등을 놓쳤다며 큰 위기라도 오고 있는 것처럼 호들갑을 떨고 있다. 이런 웃지 못 할 현실을 이제는 바꿔야 한다.

이제 미국 유학생 1위라는 것을 오명으로 생각하고 이를 벗어야 한다. 〈뉴욕타임스〉까지 대서특필한 한국의 '기러기 가족'이라는 희극도 끝내야 한다. 이를 위해서는 유학의 환상, 무엇보다 외국 학위의 권위가 부정되어야 한다. 수천 년 문명의 변방에서 살아온 주변인의 의식을 버리고 스스로 중심인이 되어야 한다. 정신적인 의존성의 심각함을 깨닫고 자기의 발걸음을 내딛고자 하는 간절한 시도가 있어야 한다.

영어,
희한한 소비재

조그만 건설 회사를 운영하는 필자의 친구는 늦게 난 딸아이가 이제 유치원에 다닌다. 눈에 넣어도 안 아픈 딸이기에 뭐든지 다 해주고 싶다. 얼마 전부터 영어 유치원에 보낸다고 한다. 그런데 학원비가 너무 부담이 되어 힘들다고 한다. 다들 원어민 교사가 있는 유치원에 보내는 것이 대세라서 보내기는 하지만 생활에 상당한 압박을 느낀다고 한다. 주위에서 다들 어린 자녀들에 대한 영어 교육 스트레스만 없으면 물질적으로 정신적으로 여유가 있겠다며 고통을 표현하는 소리를 듣는다. 필자가 거주하는 곳은 그리 넉넉지 않은 지역인데도 수시로 영어 학원 봉고차가 지나가고, 학원 끝나는 시간이면 학원버스 10여 대가 도열하고 초등학생들이 쏟아져 나오는 장관을 이룬다.

정말 '영어가 뭐기에' 라는 탄식이 절로 나온다. 원어민 교사가 있는 학원에서 말하기 위주로 배우던 영어 공부는 대개 초등학교까지만 하는 것 같고 중학교부터는 이른바 '입시 영어' 준비에 돌입한다. 영어 공부라는 것도 영어라는 새로운 기술을 익히는 것이고 크게 보면 새로운 사고의 세계를 탐험하는 흥미로운 일임에도, 이것이 시험 대비 공부라는 성격을 띠는 순간부터 시험 점수 올리기에 돌입해 본말이 전도되고 만다.

모름지기 모든 공부라는 것은 목표가 중요한데 시험 점수를 위한 공부라는 것은 필연적으로 공부의 과정을 왜곡하고 불균형을 가져온다. 심지어 토익이나 토플 점수도 오로지 점수 향상만을 위한 단기 속성 과정이 있고 이것이 효과가 있다하나, 정작 그 시험이 목적으로 하는 전반적인 영어 실력의 향상과는 거리가 있게 된다. 그리하여 외국의 대학에서도 또 일반 기업에서도 점차 이런 어학자격증의 점수에 회의를 갖게 되고 평가절하하게 되는 데 비해 오히려 자격증 점수는 마냥 오르고 있는 기현상도 일어난다.

그리하여 영어 개혁론으로 꾸준히 주장되어 온 것이 영어를 수능시험 과목에서 빼야 한다는 것이었고 드디어 교육부에서도 이를 구체적으로 검토하는 단계에 이르렀다. 즉 2012년부터 영어를 수능과목에서 빼고 대신에 국가영어능력시험제도를 도입하는 것을 검토 중이라고 한다. 한 단계 진전하는 느낌은 있지만 국가영어시험이라는 것이 어떤 역할을 하느냐에 따라 이 시험에 종속된 영어교육이 이루어질 위험이 크다. 학교 교육만으로도 대비할 수 있는 시험이라고 하는데 그 실체가 무엇일까.

이 문제의 심각성에 주목한 한 국회의원이 법률안을 제기하기에 이르렀다. 한나라당 박준선 의원이 국회에서 "대학 입시에서 영어를 폐지합시다!"라는 주제의 정책토론회를 열고, '실용영어진흥특별법'을 조만간 국회에 제출하겠다고 한다. 그는 대입에서 영어 시험을 폐지하여 학생들을 영어 시험으로부터 해방시켜야하며, 차제에 우리나라 영어가 시험과목이 아닌 언어로서의 기능을 회복하도록 하겠다고 한다. 박 의원의 주장처럼 수능시험 대비의 영어 학습이 영어 교육을 망치는 주범이라는 주장은 드물지 않게 나왔고 영어학자들의 공감도 얻고 있는 것으로 보인다. 필자도 이미 10년 전 일간지의 칼럼에서 영어를 입시에서 제외해야 한다고 주장한 바 있다. 수단과 목적의 전도(顚倒)를 가져오는 이러한 현상은 다음 장에서 다룰 시험 제도의 폐해가 가장 잘 드러나는 부분이다.

필자는 보다 근본적으로 영어라는 기능에 대한 가치평가의 절하가 이루어져야 한다고 생각한다. 우리 사회에서 영어는 역시 하나의 종교적 차원이 되고 있다. 영어만 잘하면 새로운 세상이 열리고 많은 것을 얻을 수 있으며 사람이 거의 거듭 태어나기라도 하는 것 같은 생각을 갖는다. 어린 자녀들을 주로 영미권 국가에 보내면서 부모가 자위하는 말은 영어 하나만 배워 와도 어디냐는 것이다.

영어라는 기능이 이처럼 만 가지 복을 가져오는 형통의 도구로 인식되는 기원은 미군정기로 거슬러 올라간다. 당시 한반도에 새로운 질서를 세우려는 미군정 세력에게 희소 자원이었고 필수적인 자원이었던 영어소통 가능자는 그대로 새로운 권력이 되었다. 과거에 중국과의 교류에서는 문언에 의한 고급 의사소통이 가능했고 그것으로 충분했던 탓에 역관들이 공식적으로는 그리 대접받지 못했던 듯하다. 그러나 미군정 이후 대한민국이 초강대국인 미국의 압도적 영향권에 편입되고 미국 박사가 초대 대통령이 되면서 영어는 말 그대로 출세의 도구가 되었다. 그 이후 미국 유학파들이 영어 실력을 기반으로 사회의 주류로 자리 잡으면서 영어에 대한 숭배가 지배적 현상이 되었다. 학교 영어가 일본식 문법·해석 위주였던 시기에 현지 유학을 통해 영어로 구두 소통을 할 수 있는 것은 출세에 날개를 달아주는 열쇠였다.

1990년대에 들어 한국 사회의 경제가 발전하며 글로벌화가 가속화되고 또 조기 유학 등으로 교류의 문도 넓어지면서 점차로 구두 소통 능력의 필요성은 증가했지만 영어는 여전히 수학과 더불어 이른바 '공부'의 양대 기둥이 되었고, 영어 시험 점수를 올리기 위한 목적만을 가진 상당히 희한한 영어 공부는 더욱 가열되기에 이르렀다. 미국 학교에서 좋은 성적을 내던 학생이 귀국해서는 '다음 중 관계대명사의 부사적 용법이 아닌 것은?' 따위의 문제의 답을 맞히지 못해 영어를 못하는 학생이 되는 우스운 일도 일어났다.

우리 사회에서 영어는 기능이라기보다는 공부의 대상 즉 점수 획득의 도구가 되었고 나아가 개인의 범용적 능력평가에서 가장 애용되는 도구가 되었다. 거의 영어를 쓸 일이 없는 중소회사에서도 영어 시험을 보거나 영어 점수를 요구하기도 하고, 대학 입학이나 편입 시험에서도 학과에의 적성이나 사고능력보다는 영어 시험만이 공정(?)한 선발 기준이 된다. 영어 실력, 정확히는 영어 시험 점수라는 새로운 지표는 우리 사회의 모든 지적능력을 평가하고 자원을 배분하는 가장 신뢰할만한 도구가 되어버렸다.

이제 영어는 우리 사회의 구성원들을 가혹하게 고문하기 시작했다. 직장의 샐러리맨들은 졸린 눈을 부비며 새벽 시간 또는 파김치가 된 몸을 이끌고 퇴근 이후에 학원가를 전전해야 하고, 각종 무자격 원어민들에게 영어 한마디 익히기 위해 분투하고 있다. 대학생들은 학생의 징표로서 토플이나 토익 문제집을 들고 다녀야 하고 토익 점수를 잘 올려준다는 학원에 다니며 족집게 실력을 발휘하여 영어 실력이 아니라 토익 점수를 만점 근처로 올려놓는 신공을 발휘하기도 한다. 또 취업 준비로 웬만한 대학생들은 거금을 들여 큰 성과도 없이 한국 학생들끼리 있다 오는 어학연수를 다녀와야 하고, 돈이 모자라면 하다못해 필리핀에 가서 조금 이상한 발음의 영어라도 배워 와야 한다. 중·고생들은 영어를 배우는 즐거움 대신에 날마다 영어 문제를 풀면서 시험에 나올만한 표현이나 문법 사항 등을 체크하면서 영어에 대한 염증을 키워간다. 초·중등생들은 이제 동네마다 생기는 각종 키즈 영어학원 등에 등록한다. 영어 이름을 하나씩 받고 원어민 교사와 영어로 인사말을 하고 아침에는 1대 1 전화 영어 선생의 모닝콜을 들어야 한다. 또 영어 종교는 조기유학 열풍을 불러와 이 땅에 '기러기 가족'을 양산하는 주범이 되었다.

이렇게 온 국민이 영어 때문에 고문을 당하고 열등감에 시달리면서 발버둥 쳐도 생각만큼 영어실력이 느는 것도 아니다. 우리말과 영어의 근본적인 차이로 인한 한계라고 변명하기에는 석연치 않다. 예컨대 텔레비전에서 본 바로는 핀란드어는 우리말과 같은 우랄알타이어족에 속한다고 하는데 택시 기사도 웬만큼 영어를 잘 하는 것이었다. 필자가 보기에 그 비결의 하나는 영어가 일종의 놀이도구 정도로 취급되는 데 있었다. 영어 공부라 하면 항상 맞는 것을 고르는 시험을 생각하며 틀린 영어에 대한 강박에 사로잡혀 혀가 굳어버리는 우리와는 달리 영어를 도구로 삼아 즐겁게 놀이하면서 배우는 것이었다. 또 하나는 영어 교사의 자질이다. 책을 읽고 해석하는 일 밖에 하지 못하는 영어 선생으로부터 총체적인 소통의 도구로서의 영어 학습을 기대할 수는 없는 일이다. 한 영어교육과 교수가 신문에 쓴 칼럼에 따르면, 소통 능력이 있는 유능한 선생도 이제는 배출되고 있는데 영어 교사 시험이 문제라는 것이다. 교육학이니 국사 시험 등을 통해 치열한 경쟁률을 뚫어야 하니 정작 영어 능력은 영어 교사가 되는 데 별 역할을 못하더라는 것이다. 역시 여기에서도 시험의 한계와 폐해가 그대로 드러난다.

요컨대 이제 우리 사회가 영어라는 광풍에서 벗어나려면 영어를 천시(?)해야 한다. 모름지기 하나의 언어를 배우는 데 가장 결정적인 것은 동기(motivation)부여다. 나의 생존이 걸려있는 문제라면 목숨을 걸고 배울 것이다. 당장 급박하게 익혀야 필요가 있다면 길은 열릴 것이다. 그리고 언어란 총체적인 능력이어서 그 중 어느 부분을 주로 하여 습득할 것인가도 중요한 선택의 영역인 것이다. 필자는 독일에서 공부를 하고

왔기 때문에 영어에 능통하지는 않지만, 전공과 관련한 영어 서적을 찾아서 읽고 핵심을 파악하는 데는 아무런 불편함이 없다. 필자의 회화 능력을 발휘할 기회는 거의 없는데, 그렇기 때문에 필자가 아침 영어 회화반에 다닐 동기부여가 되지 않는 것이다.

영어란 바둑이나 수영처럼 하나의 값싼 기능이다. 필자는 그래서 언어를 고상한 것처럼 만드는 '어학(語學)'이라는 용어도 쓰지 않았으면 한다. 살면서 내가 절실히 필요할 때 필요한 만큼 필요한 부분을 배우면 되는 것이다. 단지 언어습득 능력이 뇌가 유연할 때 기초를 잡아주면 학습효율이 좋은 점이 있으니 초등학교 상급학년부터 가르치기는 하되 철저히 과외활동으로, 하나의 놀이로 종합적인 소통 능력을 가진 교사(물론 원어민일 필요는 절대 없다)의 지도 아래 즐겁게 배웠으면 한다.

한국 사회가 이제는 영어강박증에서 벗어났으면 한다. 대학생들도 이제 토익 문제집은 그만 들여다보고 전공 서적이나 교양 서적을 더 읽기를 바란다. 유치원 자녀를 둔 내 친구도 영어 유치원에 들이는 100만 원씩 하는 피 같은 돈을 저축할 수 있었으면 좋겠다. 우리 중·고생들이 틀린 문장 고르는 영어 찍기 시험의 고통에서 벗어났으면 좋겠다. 그리하여 사교육의 절반을 차지하는 영어 학원 및 학습 시장이 사라졌으면 좋겠다.

오늘도 교수회의에서 영어강의 안건이 회부되었다. 외국 학생도 거의 없건만 본부에서 영어 강의를 개설하라고 한단다. 대학평가점수의 중요 항목이란다. 오늘날 한국의 대학 강의실에서는 진땀을 버적버적

흘리며 되지 않는 영어를 한답시고 고생하는 교수도 있고, 멋쩍고 답답해서 몸을 비비꼬며 이를 듣고 있는 학생들이 하나의 코미디를 연출하고 있다. 심지어 일부 사립초등학교에서는 이른바 '이멀전' 교육이라 하여 아예 학과목들을 영어로 가르친다고 한다. 시원치 않은 영어로 배우면서 어떻게 깊은 사고의 세계로 들어갈 수 있을까 필자는 매우 의심스럽다. '영어에 고문당하는 사회', 한 신문 칼럼의 제목이다. 정말 그렇다.

학벌이라는 짐을 내려놓자

학벌 효과라 하면 지금 우리 사회에서는 출신 대학의 서열에 따른 후광 효과라고 할 수 있다. 성인(聖人)의 그림 뒤에 후광이 비치듯 우리 사회에서 명문 학벌이라는 아우라를 덧입는 것은 아직도 상당한 위력을 발휘하고 있다. 어느 사람의 학벌을 같이 보면 그 사람이 달라 보인다는 것이다. 개개인에게 내면화된 우리 사회의 숭문적 가치는 학벌이라는 사이비 문화자본을 통해 사회적 인정과 권위의 독점이 정당화 되는 심리적 기제가 되기도 한다.

숭문주의에 찌들어 지낸 우리 기성세대에게 학벌 문제는 참으로 넘기 힘든 벽이었다. 기사 하나를 보자.

검사로 30년 가까이 봉직하다 개업한 ㄴ변호사. 대학 재학 중에 사법시험에 합격해 '소년등과' 했다는 소리를 듣고, 아무나 못한다는 검사장 승진도 했다. 퇴직한 그를 만났다. 술잔이 돌자 그는 회한에 잠긴 표정으로 말했다. "그동안 너무 힘들었어. 내가 20대로 돌아간다면 재수하고 싶어." 그는 서울대 출신도 고려대 출신도 아니었다.

("이도 저도 아닌 우리야 개털이지", 〈한겨레21〉 제800호)

이런 학벌 인식이 나이든 세대의 것인가 했는데, 오히려 젊은 세대일수록 더 강렬한 시험 경쟁을 거쳐서인지 이런 점에 더욱 민감하다. 한 젊은이가 하는 말을 들으니, 자기는 '에픽 하이'라는 힙합그룹을 덤덤하게 보았다가 그 중 한 멤버가 스탠포드 영문과 출신이라는 것을 알게 되면서 무조건적으로 좋아하게 되었다고 하면서 자신의 심리상태를 이렇게 적고 있다. "그러니까 나는 사회화된 한국인인 것이다. 어떤 인간인지 잽싸게 판단해야 할 때, 학벌은 가장 편리한 방법으로 일상적으로 채택된다. 인정하기 싫지만, 그 세속적이고 천한 사고방식은 버릇처럼 작동한다."

솔직한 표현인 듯하고 그러면서도 자기 스스로 생각해도 조금 역겨운 사고방식이라는 뜻 같기도 하다. 그런데 이런 사고방식이 자연스럽게 작동해야 정상적으로 한국 사회에 사회화된 것일까? 예컨대 필자의 고등학교 동기 10명 정도는 OOO회란 이름을 달고 한 해에 몇 번씩 모이는 막역한 사이다. 아마 대충 사회에 자리 잡고 30대 중반부터 모이기 시작한 것 같으니 꽤 오래된 모임이다. 언뜻 생각해보니 필자는 이 친구들 중 어느 대학을 나왔는지 아는 사람이 3분의 1, 아마 어느 대학 졸업했을 걸 하는 친구가 3분의 1, 나머지 3분의 1이 어느 대학을 나왔는지 모른다. 어찌하다 보니 그렇게 되었고 알게 될 기회도 없었고 직간접으로나 알아볼 생각조차 하지 못했다. 고교 학창시절의 일이나 사회 생활하는 일들을 주로 얘기하다보니 그렇게 되었고 앞으로도 별로 알아볼 일은 없을 것 같다. 별로 흥미로운 일이 아니기 때문이다. 한 사람을 판단할 때 왜 기계적으로 출신 대학이 연결되는 것일까? 나이든 사람들이야 관성적으로 따라간다 하지만 젊은 세대들은 이러한 관성으로부터 자유로워야 하지 않을까. 잘 되지 않는다면 의식적으로라도 말이다. 본인이 스스로 세속적이고 천한 것이라며 부정적으로 평가하는 것을 보니 그나마 안심이다. 나는 몇 개의 주간지와 월간지를 구독하고 있는데, 특히 보수언론의 필자소개 난은 항상 'OO년 OO지역출생, OO고졸, OO대 OO과 졸'로 시작한다. 필자의 최근 이력이나 주제와 관련하여 의미 있는 이력에 관심이 있어도 항상 원치 않게 이 사람이 나이는 몇이나 먹었는지, 어느 지역에서 태어났는지, 고등학교는 어디를 나왔는지, 대학은 명문대를 나왔는지를 스크린해야 한다는 점이다. 마치 조선시대에 우리 조상은 자신을 소개할 때 4대조의 함자부터 거론하여 어느 가문의 출신인가를 밝혔다고 하는데, 그것의 재판이다. 개인은 오직 어느 집단의 소속 구성원으로서만 그 존재의미와 정체성을 얻는다는 집단주의적 사고의 반영이라 할 것이다. 최근에 국가인권위원회에서 연령차별금지법의 전면시행을 홍보하면서 만든 광고의 카피에서, '나이를 지우면 사람이 보입니다'라는 문구가 눈에 띄었다. 우리도 사람을 오그라들게 만드는 나이, 출생지, 학력이나 학벌을 생각없이 나열하는 관행을 빨리 없애야 진짜 사람이 드러나게 될 것이다.

아무튼 이런 소개란을 처음에는 생각없이 보다가 갈수록 짜증이 나기 시작하였다. 한 잡지사에는 필자가 직접 편집국에 연락해서 무슨 이유로 그런 것을 기계적으로 밝혀야 하는가에 대해 의문을 제기한 적도 있다. 결국 편집국장이 나의 뜻을 이해하고 앞으로 특별한 경우가 아니면 그러한 것을 게재하지 않겠다는 약속을 받아냈다. 그러던 중 한 가지 신선한 아이디어를 낸 칼럼을 읽게 되었다. 잠시 인용해본다.

"얼마 전 미국으로 배달된 한국의 '국회수첩'은 예상을 벗어나지 않았다. 18대 국회의원 299명의 이력을 소개하고 있는 이 수첩엔 각 의원들의 출생연도와 출신 대학이 맨 앞에 기록돼 있다. 누구나 알 만한 명문고를 졸업한 일부 선량들은 7줄짜리 자기 소개란에 출신 고등학교 이름까지 집어넣었다. 'OO중 · 고' 라는 약칭으로 중학교 이름까지 거론한 의원도 있었다. 이에 비해 학력과 관련한 미국의 문화는 정반대다. 워싱턴 DC의 싱크탱크에서 개최되는 세미나에 가면 연사에 대한 한 장짜리 소개서가 배포된다. 기자는 숱한 행사를 취재하면서 이들을 소개하는 자료에 수십 년 전에 졸업한 대학이 먼저 나오는 것을 한 번도 본 적이 없다. 출신 고교가 소개된 자료는 물론 없었다. ……일반적인 미국인들의 이력서도 가장 최근의 경력에서 시작해서 학력이 마지막에 언급되는 것이 관행이다. ……그런 점에서 미국은 과거에 자신이 나온 학교에 기대지 않고 최신의 최고 경력을 만들기 위해 노력하는 사회라고 할 수 있다. ……한국도 최근에 쌓은 경력이 중시되고 과거의 학력을 참고 자료로 활용하는 것이 일반화될 때 선진국에 더 근접할 것 같다."

(이하원, "한 · 미 이력서의 차이", 〈조선일보〉 2008.10.9.)

사실 나이가 50이나 60이 넘어서도 20대 초반에 어느 학교를 나왔다는 것을 팔아서 도움이라도 보고자 하는 인생이라면 별 볼일 없는 실패한 인생이라고 보아도 좋을 것이다. 필자의 사회 경험으로 보아도 학벌에 대해 프라이드를 나타내고 은근히 내세워보려거나 그것을 중요한 판단기준으로 삼는 사람치고 별로 인정하고픈 사람을 보지 못했다. 때로는 지식인들도 이런 학벌 문제에 매우 이중적인 태도를 보이는 경우가 많아 한국인의 심리적 병리현상의 하나로 봐야 하는 것은 아닌가 하는 생각이 들기도 한다. 교수신문의 최근 조사에 따르면, 학문후속세대들에게 신규교수 임용시 가장 많이 작용하는 요소가 무엇인가에 대한 설문에서 제1순위로 꼽힌 것은 학부출신대학이었고(26.2%), 이에 비해 연구업적(12.8%), 강의능력(0.6%) 등은 한참 후순위였다. 그래서 교수지원자의 66%가 특정대학출신교수의 임용비율을 제한하는 임용쿼터제를 더 엄격하게 강화해달라고 주문하였다. 편견으로부터 가장 자유로울수 있는 학계가 오히려 이런 학벌집착증을 보이는 것은 참으로 이해하기 어렵다.

그런가하면 명문대 나왔다는 것이 자기 인생에서 프라이드가 되기보다 '서울대 나와서 그런 일 하나', '학벌이 아깝네' 하는 주위의 시선에 스트레스를 받고 움츠러드는 인생도 많이 보았다. 예컨대 한 조사에 따르면, 서울대생은 공통적으로 자신이 서울대생이라고 밝히는 것에 대해 부담감을 느끼거나 불편하게 생각한다고 한다. 사람을 있는 그대로 보지 않는다는 것이다. 서울대생이라는 타이틀 하나 때문에 대하는 태도가 달라지기도 하고, 서울대생에 대한 사람들의 기대는 높은데 자신이 거기에 미치지 못한다고 생각될 때 오는 부담감 때문이라고 한다. 사실 남들보다 수능문제 한두 개 더 맞힌 것뿐인데 말이다. 심지어는 동기들이 성공하는데 비해 자신의 처지를 비관하여 자살한 서울대 출신의 이야기도 들어보았다. 그러고 보면 학벌 간판이라는 것이 그것을 취득한 당사자에게 꼭 득이 되는 것만은 아닌지도 모르겠다.

아직 인생의 폭이 좁고 대학진학 준비가 거의 모든 세계였던 청소년들이 원하는 대학에 입학한 후 천하를 얻은 듯이 기뻐하는 것은 당연하고 같이 축하해주는 것이 좋으리라. 본인 스스로 얼마 지나지 않아 그것이 단지 출발에 불과하다는 것을 알게 될 것이다. 중요한 것은 우리 사회가 자기 학벌에 만족하는 자나 불만인 자 모두에게 다 짐이 되는 학벌 간판에 빨리 관심을 꺼 주는 것이다. 그런 점에서 이력서 거꾸로 쓰기는 좋은 시도임에 틀림없다.

요새 정부의 몇 개 위원회에서 위원으로 활동하고 있는데, 항상 비고란은 출신 대학으로부터 시작한다. 내가 어떤 업적이나 경력이 있어 위원이 되었는가에 대해서는 간략하게 다룬다. 이제 정부기관이나 언론 등에서 사람 소개할 때, 정부의 개각 시 인물을 소개 할 때 출신학교 소개는 빼도록 하자. 사람은 쉽게 관행에 익숙해지니 조금만 지나면 별 관련성도 없는 곳에서 출신학교를 언급하는 것이 생뚱맞게 느껴지게 될 것이다. 10대에 취득한 학벌 간판이 뭐기에 그 짐을 평생 지고가려 하는가.

그런데 학벌 즉 대학 브랜드라는 게 심리적인 만족감 외에 어떤 실질적인 경제적 이득은 있는 것일까? 근래에 이런 문제에 대하여 학문적으로도 관심이 높아지는 것 같다. 이것은 어찌 보면 긍정적인 방향이다. 사람들이 그만큼 합리적으로 생각한다는 것이니까. 아직은 대학서열에 따른 임금 프리미엄이 상당히 크다는 한 연구가 최근 소개되었다. 한국교원대 장수명 교수가 발표한 〈대학서열의 경제적 수익〉(2006)이라는 논문을 보면, 수능성적 기준으로 상위 1~5위인 대학의 졸업자들은 월 평균 임금이 232만원으로 6~10위 대학 졸업자(177만원)나 11~30위 대학 졸업자(173만원)보다 훨씬 높았으며, 최상위권 대학들만 매우 높은 '졸업장 프리미엄'을 누리고 있는 것으로 나타났다고 한다. 이 연구 결과를 얼마나 신뢰해야 할지는 어려운 문제다. 무엇보다 정규직 취업률이 매우 낮다는 전제를 고려하지 않았기 때문이다. 그러나 여전히 명문대학의 졸업장이 있으면 취업을 할 때 비교적 유리한 위치에 있다는 일반적인 경향 정도는 말하고 있으리라.

그렇다면 편입을 통한 학벌 세탁은 또 어느 정도 경제적으로 의미가 있을까. 같은 대학 출신이라도 편입생은 취업 후 정식 입학생에 비해 출신교의 '후광 효과'로 높은 임금을 받을 가능성이 절반 정도에 그친다는 연구 결과가 나왔다고 한다. 요지는 편입생에 대한 사회적 차별이 있다는 것, 같은 학벌이라도 편입생 여부가 가려지고 그 경우에 비편입 내지 정규학벌의 프리미엄의 절반밖에 얻지 못한다는 뜻인 듯하다. 미국 대통령 오바마는 캘리포니아의 무명 4년제 대학에서 뉴욕의 명문 컬럼비아 대학에 편입한 것으로 소개되던데, 미국 언론에서 한 번도 이에 대해 거론되는 것을 듣지 못하였다. 한국 사회의 이 현상은 역시 도착점보다는 출발점을 따지는 과거회귀형 사고의 산물일까.

자식 교육은 종교 행위인가

최근 우연히 읽게 된 영문 잡지(《KOREA JOURNAL》 2007 Summer)에서 "현대 사회의 한국의 교육열의 종교적 접근"이라는 한 한국학자(임현수, 한국학연구소 연구원)의 글을 읽었다. 이 분은 기존의 한국의 과잉 교육열, 특히 부모의 철저한 자기희생적인 교육 투자의 원인 분석에 대한 여러 연구는 다 일면의 타당성은 있지만 미흡한 점이 있다고 한다. 대체적으로 우리 교육의 여러 문제점으로 지적되는 것들, 즉 '학벌'이라고 하는 명문학교 출신에 대한 과도한 사회적 인정, 학벌이 출세의 필요조건이 되는 사회적 구조, 실리를 넘어서 사회적 신분을 형성하는 요소로 작동하는 학벌 등등은 정도의 차이는 있지만 다른 사회에서도 그 부작용이 나타나기 때문에 한국 사회의 고유한 현상이라고 할 수는 없다는 것이다. 그는 결국 종교적 접근이 필요하다고 하며 이렇게 요약하고 있다.

한국 사회의 심층을 여전히 지배하는 것은 유교라는 종교인데, 유교는 기독교나 불교와는 달리 매우 현세적인 종교로 현세에서 구원을 찾는다. 유한한 인간인 개인이 무한한 영생을 찾는 길은 바로 자신의 조상에서 이어져왔고 그리고 후손으로 이어지는 혈통의 연속성에 있다고 믿는 것이다. 즉 자신은 사라져도 자신의 DNA를 이어받은 자식을 통해 자신의 흔적을 남기고 이로서 자신의 존재의 영원성을 담보 받는다고 생각하는 것이다. 그래서 조상숭배, 제사, 족보, 그리고 최고의 덕목으로서 '효'가 강조되는 것이다. 이처럼 자식이 하나의 별개의 인격체라기보다는 자신의 분신이고 존재의 연장이기 때문에 부모와 자식이 하나의 운명공동체적인 끈으로 묶여있다고 생각한다. 자식에 대한 한국 부모의 맹목적이고 절대적인 자기희생은 타인을 위한 것이 아니라 바로 자기 자신을 위한 것과 동일시된다. 그것은 종교적인 영원성에 대한 헌신인 것이며 바로 그러한 절대적 헌신에서 마치 기독교도가 신에 대한 헌신에서 찾는 것과 같은 구원 즉 'salvation'을 얻는다고 생각한다. 요컨대 한국 부모들이 자식 교육을 위해 기러기 아빠를 자처하고, 자신의 노후를 희생하면서 허리 휘는 사교육비를 감당하고 파출부 노동까지 하는 것은 종교적 행위라는 면에서 바라볼 때 비로소 그 의미를 파악할 수 있는 것이다.

우리의 교육 문제가 합리적으로 분석할 수 있는 상황을 상당히 넘어서고 있기 때문에 이제는 인간행동의 가장 근원적인 동인이라 할 수 있는 종교적 접근방식까지 거론되고 있는 것이 아닌가 한다. 사실 우리 학부모들의 교육에 대한 집착은 가히 병적 또는 종교적이라고 할 수도 있다. '그렇게 고생해서 무슨 영광을 보자고……'라고 말려도 막무가내다. 무엇이 자식에게 최선의 이익이 되는가라는 점에서는 합리적 접근이 상당히 부족하다. 그저 자식 교육을 위한 희생 그 자체에서 숭고한 의미를 찾는 것이 아닐까.

우리 부모들의 교육열이 일종의 종교 행위라는 것은 매년 수능시험철이 되면 쉽게 느낄 수 있다. 평소에 그리 독실한 불교도도 아닌 학부모들이 가을로 접어들면서 전국 각지의 특히 대도시 주변의 사찰에 몰려든다. 절 입구에는 '자녀시험축원 백일기도' 등과 같은 플래카드가 걸려 있고 법당 안에서는 뼈가 녹아나는 삼천 배를 올리는 어머니들로 빼곡하다. 효험이 있다고 소문난 돌부처상이나 암자 등에도 전국에서 몰려온 학부모들로 한철 장사를 한다. 대학 교수인 필자의 친구도 부인 재촉에 재수하는 아들을 위해 수차례 지방의 이름난 암자를 찾았다고 한다. 또 한 친구는 아들이 삼수에 돌입하자 부인이 무속인에게 찾아가서 작명을 받아 아이의 이름을 개명했다고 한다. 절 뿐이랴. 웬만한 교회들도 백일작정 새벽 기도회를 열고 수험생의 머리에 손을 얹고 목사가 안수기도도 해준다. 특별 헌금도 아낌없이 낸다. 수능시험 당일에는 굳게 닫힌 문밖에서 기도하며 염주를 돌리거나 성호를 긋는 학부모들이 신문의 단골 사진 소재가 된다. 그러고 보면 우리 부모 세대의 교육열이란 일종의 종교 행위란 분석은 핵심을 찌른 지적이다.

이것은 교육 문제 해결에 하나의 중요한 단서를 제공하고 있다고 생각한다. 그것은 학부모들의 변화다. 종교적 차원이라면 일종의 중생(重生)을 해야 하는 것일까. 쉽게 생각하면 마음 하나 고쳐먹으면 되는 것이기도 하지 않을까. 부모들이 좀 더 세속화되어야 할 것이다. 부모들이 좀 더 이기적이 되어서 자신의 노후를 준비하고 현재의 인간적인 생활을 즐기는 일에 좀 더 많은 가치를 두는 쪽으로 바뀌어가야 한다. 노후에 부담이 될 정도의 과도한 교육 투자는 금기사항이다. 또 자식의 학벌을 자기의 체면이나 성취와 연결시키는 생각도 잘라내야 한다. 자식을 더 이상 운명공동체가 아니라 나와 전혀 다른 방식으로 자기의 삶을 살아가야할 하나의 인격체로서 보아야 할 것이다.

조선조의 성리학이 그 사회적 지반을 잃은 지도 한 세기 이상이 지났다면 이제 우리의 심층적 정신구조도 그로부터 자유로워질 때가 되지 않았을까. 부모의 종교적 교육열이라는 풀무가 약화되면 그를 추진력으로 버텨가는 우리의 교육 문제도 해결의 실마리를 얻을 수 있지 않을까. 한국의 부모들이 좀 더 이기적이 되기를, 자기의 인생을 가꾸기를 바랄 뿐이다. 그리고 특히 어머니들에게 좀 더 사회진출의 기회가 많이 주어져서 자식 교육에 대한 그 에너지를 자기성취에 발산시킬 수 있게 되기를 바랄 뿐이다.

얼마 전 휴대폰에 동기회 총무의 메시지가 떴다. 아무개 아들이 서울대에 합격했다고 축하 메시지라도 보내라는 것이었다. 동기회 모임에서 적지 않은 회식비를 부담하면서도 그 친구는 매우 기분이 좋은 듯 했다. 그러나 필자의 옆에 앉은 친구는 딸이 유수한 사립대에 입학했는데도 별로 말이 없다. 자기는 괜찮은데 아내가 친구 자식과 비교하면서 머리 싸매고 누웠다는 것이다. 그러자 기분전환을 하려는 듯 다른 친구가 말한다. "입시 보는 자녀가 있는 부모한테 자식 대학 갔냐고 물으면 징역 1년형인 것 몰라? 대학 졸업하는 자녀가 있는 부모에게 취직했냐고 물으면 징역 3년형인 것 몰라?" 아! 불쌍한 중년의 인생이여.

'기러기 아빠'가 우리의 희망이라고?

우리가 가장 문제라고 생각하는 것을 우리의 가장 큰 장점으로 생각해 보는 것처럼, 관점을 바꾸어 사물을 대하는 것은 지식인의 비판의식의 핵심적 측면이다. 이런 점에서 '기러기 아빠'로 표상되는 우리의 사교육 열풍이 우리 힘의 근원이고 희망으로 볼 수 있다는 주장이 나오기도 한다. 이러한 주장은 그리 드문 것이 아닌데, 한 유력 일간신문의 칼럼에 서울대 교수가 조기 해외 유학을 예찬하는 파격적인 주장을 했다. 요약해서 인용해보면,

첫째, 해외 유학을 통해 대한민국을 국제화할 수 있다. 미국 명문 대학에 가장 많은 입학생을 배출한 명문 고등학교 40위 중 한국의 대원외고와 민사고가 외국 고등학교로는 유일하게 그 이름을 올렸다. 이들 유학생들이 미국 주류 사회에서 핵심적 역할을 담당할 날이 얼마 남지 않

았다. 둘째, 해외 유학을 통해 국내 교육 경쟁을 완화할 수 있다. 해외 유학생 수가 많아지면 우리 사회의 고질적인 문제인 학벌주의를 완화시키는 부수적 효과도 기대할 수 있다. 국내 30대 기업 임원 중 외국대학 출신이 서울대를 누르고 가장 많아졌다는 최근 조사는 시사하는 바가 많다. 셋째, 해외유학 비용과 같은 교육 투자는 가장 건전한 형태의 상속이라는 점이다. 자식에게 강남에 있는 아파트 물려주는 것보다는 미국 유학 보내는 편이 사회 전체적으로 긍정적일 수 있다. 서구인들에게는 '기러기 아빠'와 같은 한국적 현상이 기이해 보일 것이다. 그들은 자신의 행복을 극대화하는 것이 목표이지만, 우리는 '자신보다 훌륭한 자식 키우는 일'이 인생의 목표이다. 그리고 이 인생목표야말로 대한민국의 힘이고 희망인 것이다.

(김병도, "역설(逆說) '기러기 아빠 예찬'", 〈조선일보〉 2008.09.16.)

그러나 이러한 주장은 맹목적인 경쟁 지상주의, 글로벌화 예찬, 미국 일극주의로의 경도 등 매우 편향되고 협소한 시각에서 나온 것이라고 생각한다. 이러한 사고에는 근본적으로 무엇을 위한 경쟁이며, 무엇을 위한 국제화이고, 미국이 우리에게 어떠한 존재여야 하는가에 대한 성찰이 결여되어있다.

우선 해외 유학을 통해 우리나라가 국제화한다는 주장은 어떠한가. 그간 국제화 또는 세계화란 우리가 이른바 선진국들의 문물과 사상을 열심히 받아들여야 한다는 일방적 측면만 강조되어 왔다. 그러나 이러한 일방적·종속적 세계화가 더 이상 지속되어서는 곤란하다. 유학에서는 해외 유학생을 많이 받아들여 유학 역조를 줄여나가는 것이 우리 대학 교육의 목표가 되어야 한다. 동시에 실속 없고 외화낭비적인 유학이 대폭 감소해야 한다. 더구나 한 민족과 사회의 구성원으로서 정체성을 확립해가는 초 · 중 · 고 과정을 해외에서 이수하겠다는 '교육 난민'의 대거 출현을 우리 교육과 사회의 심각한 정체성 위기로 받아들여야 한다.

해외 유학 열풍이 우리의 교육 경쟁을 완화한다는 말, 특히 서울대를 정점으로 하는 학벌주의가 완화될 수 있다는 말은 약간의 일리는 있다. 《서울대보다 하버드를 겨냥하라》 등과 같은 책들이 많이 나오고, 국내지존의 대학이 앉은 자리에서 이류로 전락하는 현상이 생겨나고 있다. 그러나 이는 최상위 몇 백 명에 관한 이야기고 전반적인 국내 입학경쟁의 완화책이 되기에는 한계가 크다. 오히려 몇몇 특수 고등학교들의 미국 대학 보내기는 우리의 초 · 중등교육의 대미 종속성을 강화할 뿐이다.

해외 유학이 가진 자의 건전한 상속수단이라는 말은 틀린 말이다. 앞으로 해외 유학을 통해 교육과정을 끝내고 이 땅에 돌아와서 그 간판을 가지고 행세나 편익을 보는 상황은 빨리 무너져야 한다. 김교수의 말대로 초 · 중 · 고를 거친 장기 해외 유학생은 이제 그곳을 제2의 고향으로 삼고 그곳의 주류사회에서 핵심적 역할을 하며 살아나가야 한다. 그런 특별한 인생을 결단하지 않는 조기 유학은 어설픈 국제 미아를 만들 뿐이다. 한때 하버드 우등 졸업이니 하며 조기 유학 열풍의 원조였던 홍모씨의 인생여정은 모두 알다시피 한국에 돌아와 장가 잘 가서 연줄의 도움으로 사장도 하고 결국 국회의원 한자리까지 했다. 아직은 우리나라가 어설퍼서 그러한 외국 간판에 속아주지만 앞으로는 그러한 가능성은 높지 않을 것이다. 차라리 수억대가 드는 유학 비용을 사업자금으로 주어 자립하게 하는 것이, 어설프게 외국물 먹은 문제아를 만드는 것보다 현명한 상속수단이리라.

해법은 김교수가 잘 제시하고 있다. 그의 주장의 반대로 가면 된다. 즉 우리 부모들이 '자신의 행복을 극대화하는 것'을 목표로 삼고, '자신보다 훌륭한 자식 키우는 일'이라는 인생의 목표를 버리는 것이다. 자식 유학시킬 돈 있으면 그 돈으로 자신의 노후대책을 세울 것이지 절대로 자식 교육에 올인할 것이 아니다. 부모들이 자식으로부터 독립하는 날, 자식들도 성숙한 개체로서 자신의 인생을 자기의 책임으로 살아가게 될 것이다.

제 2 부 시험이라는 종교의 타파

개 관

우리의 모든 교육 활동의 중심에는 시험 제도와 그 결과물인 성적 그리고 석차가 있다. 인간의 모든 지적 활동과 또 그 활동을 촉진하는 교육이라는 행위는 시험을 중심으로 돌아가고 있다. 2010년 초에 방영된 인기 드라마 〈공부의 신〉에서 보듯 마지막 결말은 주인공들이 수능시험장에서 교사들이 가르쳐 준 비법들을 생각해내 점수를 잘 받는다는 것으로 마무리된다. 결국 시험이란 모든 교육 활동의 궁극적 목적이다. 또 시험은 입학이나 취직 등의 고비마다 우리 사회에서 가장 신뢰할만한 평가의 방식이자 기준이다. 가히 시험이란 우리 사회에서 하나의 종교라고 부를 수 있을 만큼 신성하고 절대적이다.

제2부에서는 이러한 시험이라는 종교를 타파할 것을 말한다. 오랫동안의 시험 만능 체제는 이 체제에 익숙해진 '시험형 인간'이라는 새로운

인간형을 탄생시켰다. 그러나 아이러니하게도 시험이 있는 곳에 그 시험의 전제였던 공부와 학문은 사라지는 모순이 발생한다. 국 · 영 · 수 과목은 조선 시대의 사서삼경의 역할을 대체하고, 객관식 시험 대비를 위해 공부하는 12년 기간은 우민화 교육임을 지적하고자 한다.

이러한 시험의 본질적인 한계와 그 폐해는 이미 오래 전 과거 제도 속에서 우리의 조상들이 뼈저리게 느껴온 터다. 이 글에서는 대표적으로 박제가 선생과 유길준 선생의 이야기를 소개했다. 나아가 시험에 대해 사람들이 가진 신화를 벗겨내고 시험은 하나의 유물론이라고 선포했다. 그리하여 우리 모두 이 시험이라는 종교를 타파하기 위하여 무엇을 해야 하는지, 그리고 시험을 떠난 구원의 길은 없는지를 모색했다. 마지막으로 시험에 기대어 권위를 세워보려는 대학들에게 시험을 버릴 것을 권하고자 한다.

우리의 엄청난 교육열은 시험이라는 제도와 만나면서 온갖 유해 가스를 내뿜는 불완전연소가 된다. 우리 사회가 시험의 한계를 느끼고 시험이라는 종교에서 벗어나는 날, 비로소 참된 교육의 시작이 이루어질 것이다.

'시험형 인간'의 탄생

A교수의 외동딸 B양은 고등학교 3년생이다. 입시 준비로 정신없는 때지만 정작 그 부모는 큰 걱정을 하지 않는다. A교수는 지방 대학에서 근무하고 있지만 자녀를 위해 강남에 거주하고 있는데, B양은 강남 고등학교에서도 매우 상위권 성적을 유지하고 있다. 그녀에 대해 부모들은 한 번도 공부에 대해 뭐라고 주문한 적도 없고 본인이 알아서 다 한다. B양은 학교 공부가 특기이자 취미이다. 어떻게 공부하면 점수를 올릴 수 있는지를 잘 알고 있고, 항상 책상에 앉아서 시험 대비 공부를 하고 있다.

부모는 만세를 부를 것 같지만 정작 A교수는 불만이 많다. 그는 시험공부 밖에 할 줄도 모르고 다른 것에 관심이 없는 딸이 불안하다. 그래서 이런저런 읽을 만한 책들을 사다주며 틈틈이 읽어보라고 권하기도 한다. 그러나 B양은 마지못해 보는 시늉을 하지만 곧 '아빠, 이런 책은 시험에 별로 도움이 안돼요' 하면서 제쳐놓는다. B양은 스스로 자신이 한국의 입시 위주 교육에 잘 맞는 체질이라고 생각한다.

공무원 C과장의 딸 D양은 올해 대학에 입학했다. 명문 대학의 인기 학과다. 강북의 빈촌 지역에 거주하며 평생 말단 공무원을 해오던 C과장은 요즈음 세상을 얻은 듯이 어깨에 힘이 들어가 있다. D양에 대해 물론 부모도 뒷바라지를 해왔지만 무엇보다 본인이 잘 알아서 공부했고 별로 속 썩어 본적도 없다. D양은 합격이 결정되자 한두 달 동안 긴장을 풀고 쉬는 것 같더니 요즈음 다시 도서관에서 늦은 밤까지 공부하다가 들어온다. D양은 사법시험 준비에 돌입했다. 로스쿨이다 뭐다 말이 많지만 그녀는 2-3년 내에 시험 합격으로 끝내버릴 생각이다.

그녀는 자신이 가장 자신 있는 것이 시험공부라고 생각한다. 사법시험이 뭔지도 잘 모르지만 수험서가 있을 것이고 그것을 기출문제에 맞추어 요령 있게 독파해내는 것은 그리 어렵지 않게 해낼 수 있을 것 같은 자신감이 든다. 그녀는 모든 것을 시험성적으로 결정하고 그 성적에 따라 상응하는 보상을 해주는 우리 사회가 너무 좋다. C과장은 자신의 딸이 사법시험에 최연소로 합격하는 것을 꿈꾸며 벌써부터 마음이 설렌다.

E사장의 아들 F군은 삼수 중이다. F군은 한마디로 모범생이었다. 성적도 외고의 상위권이었고 문제집 풀기가 취미여서 웬만한 문제집은 안 풀어본 것이 별로 없다. 시험공부가 정말로 좋고 가장 자신 있는 분야지만 한 가지 약점은 담이 약해서 큰 시험에서 실수를 한다는 것이다. 학교

의 월말고사나 모의고사 등에서는 탁월한 성적을 보이지만 정작 본선인 수능시험에서는 두 번이나 전혀 실력을 발휘하지 못했다. 첫해에는 당연히 재수의 길을 택했고, 다음해에는 부모님의 권유에 따라 성적에 맞추어 대학을 갔지만 억울해서 마음을 붙일 수 없었다. 대학을 다니면서 부모님 모르게 다시 수능 공부를 시작했고 이제는 부모님도 인정한 상태다.

사장은 답답한 마음이다. 내심 불만족은 있었지만 눈치 한번 준 적 없고 앞으로 나아가야 할 청춘인데 무슨 고집으로 제자리걸음을 하는 것인지, 그리고 제발 이번에는 실력대로만 성적을 거두어야 할 텐데 그것도 과연 보장도 없는 것이고 하니 말이다.

이상은 근래에 필자가 직접 만나보고 경험한 가정과 학생들의 가감없는 이야기이다. 세 학생들은 다 똑똑하고 부모님의 희망이 되는 학생들이다. 공부에 관해서는 부모님들에게 걱정 한번 끼치지 않은 학생들이니 우리나라의 모든 학부모들의 선망의 대상이 되는 이른바 '엄친아', '엄친딸'들이다. 필자는 이런 학생들을 보며 새로운 인간형의 탄생을 생각했다. 바로 '시험형 인간'이다. 우리 세대도 혹독한 입시 전쟁을 치루면서 공부라면 시험공부를 생각하며 훈육되었지만 시험이란 항상 부담되는 것이었고 그로부터 해방을 꿈꾸는 족쇄 같은 것이었다.

그런데 갈수록 정교화된 시험체제하에서 어릴 때부터 시험을 위해 훈육되고 이에 잘 적응된 이른바 우수 학생들은 시험이라는 환경이 가장 자연스럽고 편안하게 느껴지는 듯하다. 모든 관심이 시험에 집중되고, 시험이라는 출제자와의 숨바꼭질에서 이길 수 있는 노하우를 체득하고 있으며, 시험을 떠난 지식의 습득이나 탐구라는 것을 별로 생각해 본 적도 없고, 시험공부를 하면서 가장 심리적 편안함을 느끼며, 잘 나온 시험 성적에서 가장 성취감을 느끼는 세대다. 한마디로 시험을 위한, 시험에 의한, 시험이 낳은 세대들이다.

그리하여 B양처럼 시험과 관련 없는 세상의 지식들에 대하여는 아무런 호기심도 없고, D양처럼 시험 준비 외에는 자신의 재능이 무엇인지 알려고 하지도 않고, F군처럼 시험에 따른 보상체계를 인생의 전부로 알게 되는 현상들이 나타나는 것이 아닐까. 이러한 시험형 인간이 앞으로 우리나라의 엘리트가 되고 우리 사회를 이끌어가게 될 것인데, 이를 어떻게 볼 것인가.

무릇 시험이라고 하는 것은 출제자가 있고 이에 답을 해야 하는, 정확히는 출제자가 숨겨놓은 정답을 찾아내야 하는 응시자가 있다. 응시자는 제한된 시간, 제한된 정보, 제한된 여건하에서 최대한 높은 확률로 출제자의 의도를 간파해내어 출제자의 사고와 주파수를 맞추는 것이 중요하다. 고로 모든 시험이란 하나의 체스 게임과 같은 것이다. 시험 시간, 시험 범위, 적정 난이도 등의 조건이 주어진 울타리 안에서 출제자와 응시자가 벌이는 두뇌 게임인 것이다.

이런 점에서 시험을 준비하고 시험에 응시하는 행위에서 필자는 마치 '스타 크래프트'와 같은 게임을 본다. 그것은 시험의 지반이 되는 지식의 습득과 탐구 행위라는 것과 분리된 일종의 가상 행위인 것이다. 이러한 가상 행위에 오래, 진지하게, 강압적으로 노출되는 가운데 응시생들은 현실의 지식 세계와는 유리되는 게임형 인간으로 바뀌어가는 것이다. 그리하여 극단적으로 비유한다면 마치 군인이 실제적인 전투력 대신에 모형 전쟁 게임에서 높은 점수를 올리는 것과 같고, 전쟁 게임의 고수가 우수한 군인으로 인정받는, 그리하여 현실 세계와 가상 세계가 종착되어 종국에는 무엇이 가상이고 무엇이 현실인지도 헷갈리는 상태가 된다.

오늘도 우리의 교육 현장에서는 지식의 습득과 탐구라는 본래의 교육 행위를 대신해 시험이라는 게임을 위한 모의 훈련이 이루어지고 있다. 이러한 괴리는 이제 거의 비판의식도 마비시키고 있고, 이러한 세계에서 적응성이 높은 '시험형 사이보그'들을 대량으로 만들어내고 있다.

얼마 전 미국에 잠시 체류하면서 현지 교수들의 이야기를 들을 기회가 있었다. 한국의 유학생들이 서류상으로 보이는 여러 우수 조건, 명문대 출신, 최고의 학점, 높은 토플이나 GRE 성적 등에도 불구하고 실제로 지도하거나 일을 시켜보면 옛날보다 우수하지 않다는 것이다. 무엇보다 주어진 것, 지시된 것을 넘어서 스스로 문제를 찾아가면서 공부하는 능력이 매우 떨어진다고 한다. 과정에 대한 고민이 부족하고 지나치게 결과 중심적이라는 이야기도 한다. 한국의 교과 과정에서 가르치는 내용이 너무 시험 정향적인 것이어서 실제로는 깊이가 없고 피상적이라는 비판도 한다.

오늘 집을 정리하면서 보니 초등학교 4학년인 아들의 책꽂이에도 이런 저런 문제집이 그득하다. 한정된 지식의 양이 시험 문제의 형태를 띠면서 온갖 현란한 옷을 덧입고 나타나 아이를 혼란스럽게 하고 진을 빼는 듯하다. 단순하면서 정직한 지식의 습득, 그리고 그것을 기반으로 삼는 탐구의 정신은 밀려나고 있는 것은 아닐까.

국·영·수는
현대판 사서삼경

우리에게 공부 내지 학습이라는 것은 시험 제도와 결합되어 있다. '공부'하면 '시험공부'를 뜻하는 것이 되었고 시험 성적과 석차를 통해 그 결과를 평가받는다. 시험공부는 과정이 아니라 오직 결과만이 모든 것을 말해줄 뿐이고, 이 결과란 현재의 교육 시스템에서는 대학수학능력시험의 성적 및 그에 기초한 이른바 '좋은' 대학으로 입학하는 것이다. 대학 입학이라는 결과와 연결되지 않는 공부라는 것은 도로 아미타불일 뿐이다. 수능시험이 끝나는 날 고등학교에서 수험생들이 각종 문제집 등을 창밖으로 버려 그것이 큰 산을 이루는 사진을 본 적이 있다. 이놈의 지긋지긋한 공부와는 이제 굿바이를 선언하는 해방의식과 같은 것이어서 섬뜩했다. 우리 청소년들에게 공부는 이처럼 수능시험의 마지막 종소리와 함께 던져버려야 할 아무런 쓸모없는 문제유형학에 불과할 뿐이다.

이처럼 공부 즉 배우는 일과는 원수지간이 되어 정작 본격적인 자기 주도의 공부를 해야 하는 대학에 들어간다는 것은 아무리 생각해도 아이러니한 일이다. 대학에 들어오면 이제 '공부'라는 단어는 '학문'이라는 좀 더 고상한 말로 바뀐다. 신입생들은 입학식에서 '대학은 학문의 전당' 운운하는 총장의 환영사를 한 귀로 듣고 흘리고, 학문의 대가들인 교수들은 근엄한 표정으로 앉아있다.

이처럼 우리 사회의 학문 또는 공부라는 것은 대부분 시험의 합격을 위한 기술학이요 일종의 문제유형학이다. 공부를 잘 한다는 것은 시험에 나타난 출제자의 의도를 바르게 간파하고 그것에 주파수를 맞추어 사고할 수 있는 능력이라 해도 틀리지 않으리라. 시험이라는 제도와 맞물려 있는 지적 능력이란 질문에 답하는 능력이지 질문을 만들어내는 능력이 아니다. 순발력이나 임기응변적 사고에는 능하지만 창의적이고 한 가지를 끈질기게 물고 늘어지는 탐구적 자세는 나오기가 힘들다.

시험 제도가 공부를 망치는 첫번째는 우선 공부의 대상을 시험을 보는 대상으로만 한정시킨다는 점이다. 한국 사회에서 초·중등교육의 대부분은 주요 과목, 즉 국·영·수 과목의 공부에 집중된다. 사교육도 점차 전문화되어 국어 학원, 수학 학원 등으로 특화하고 있다. 국·영·수 과목은 이른바 현대판 사서삼경이라고 할 수 있다. 초·중등교육을 통해 인성의 기초를 잡고 인간과 사회 그리고 자연에 대한 이해의 기초를 닦는다는 점에서 볼 때 대부분의 교육 시간이 국·영·수 과목에 할

당되는 것은 지나친 편식행위일 것이다. 독일의 수능시험인 아비투어에서는 국어(독일어), 영어, 수학이 다 선택과목이고 학생들에게 흥미에 따라 다양하고 광범위한 선택의 폭을 주고 있다. 반면에 우리는 인문 계통을 지망하는 학생들도 고난이도의 수학 문제풀이에 온 정력을 쏟아부으면서 지식적으로 정서적으로 고갈되고 있는 측면이 강하다. 각각의 과목도 시험 준비라는 목적에 의해 왜곡된 모습으로 나타난다. 영어 공부의 왜곡 현상은 앞의 장에서 다룬바 있으니 재론하지 않겠다. 국어 공부도 다양한 문학 작품을 읽고 느끼는 공부보다는 주요 작품의 다이제스트를 읽고 주제를 요약하는 기술을 익힌다. 이는 마치 조선조 선비들이 사서삼경을 읽기는 하되 시험에 나올만한 것을 골라서 공부하고, 좋은 문장을 익히는 것보다는 시험에서 문장 짓기에 써먹을 압운을 익히는 데만 관심이 있다는 것과 같다. 그리하여 자신의 시문을 텍스트로 한 시험문제를 작가 본인에게 주어 보았더니 정답을 절반도 맞히지 못했다는 웃지도 못할 일이 일어나는 것이다.

더욱 상황을 악화시키는 것은 시험의 양식이다. 바로 객관식 선다형에 의한 지식의 측정이다. 출제자와 응시자를 모두 제한된 조건에 가두는 시험 양식은 모든 지식을 극도로 파편화하고 희화화하기까지 한다. 그것은 체계적, 탐구적, 창의적 사고 등등 학문적 경향과 친숙한 모든 개념들과 대척관계에 서있다. 아마 선다형 측정이 의미 있는 경우는 매우 단순한 지식의 최저 습득치를 확인하는 경우일 것이다. 운전면허시험 같은 것이 그 대표적인 예다. 그런데 이러한 양식이 대학의 수학능력을 측정하는 시험 나아가 이른바 국가고등고시 등 거의 모든 시험에서 전가의 보도처럼 활용되고 있다. 단지 말썽의 소지가 적고 관리비용이 저렴하다는 이유로 말이다. 그리고 이러한 시험의 결과가 당락을 결정하는 데 쓰인다.

따라서 우리의 학문이 제대로 일어나기 위해서는 시험 양식에 대한 고민이 필요하며 특히 그 중에서도 객관식 시험의 영역을 최소화하려는 노력이 있어야 한다. 대부분의 고급지식들은 객관식 시험의 틀 속에 수용될 수 없는 것이다. 무리하게 그 틀에 넣게 되면 필연적으로 지식의 왜곡을 초래하게 되고, 이런 시험을 위해 취득하는 지식도 학문적으로 의미 있는 지식과는 거리가 먼 것이 된다. 더 기본적으로 학문하는 사고는 주어진 선택지에서 하나의 답을 고르는 사고와는 도저히 융합될 수 없는 것이다. 하다못해 초등학교에 다니고 있는 필자의 아이가 가져온 객관식 바른생활 문제를 읽어보면서 필자는 설명할 수 없는 혼란과 어색함을 느껴야 했다. 아마 그 내용들 자체가 이미 객관식 문제를 통한 측정의 재료가 되어서는 의미가 없는 것이기 때문이었을 것이다.

객관식 시험을 염두에 둔 지식의 습득은 매우 단편적이고 피상적인 차원에서 이루어질 수밖에 없다. 말하자면 지식 습득 즉 시험공부가 〈도전 골든벨〉 같은 퀴즈프로그램을 준비하는 것과 별반 차이가 없다는 것이다. 학생들은 온갖 지식의 편린들을 머리에 쑤셔 넣기에 급급하다. 교사들의 가장 큰 목표는 교과 진도를 나가는 것이다. 학생들은 많은 것을 배우는 것 같지만 깊이 있게 사물의 본질에 다가가는 체험은 단 한 가지도 얻지 못한다. 단지 '지식=퀴즈' 또는 '지식=시험점수'라는 천박함에서 벗어나지 못한다. 한국 사회의 교실은 학문하는 즐거움을 가르치지 못하고 시험에 종속된 퀴즈식 지식의 습득에 급급하다. 자기 다리로 초원을 가르며 풀을 뜯는 신선함을 단 한 번도 맛보지 못하고 좁은 우리에 갇혀 열심히 사료를 받아먹으며 근수를 올리는 비육우들이 되어가고 있다.

한국 사회의 학문이 선진화되려면 지금의 초·중등교육이 시험이라는 압제의 사슬에서 벗어나야 한다. 가장 지적으로 예민한 시기에 학문하는 즐거움의 맛보기라도 느낄 수 있는 환경을 조성해주어야 한다. 그런데 지금 초등학교에 다시 일제고사를 부활시키고 그에 협조하지 않은 교사들의 밥줄을 끊는 폭력적 조치를 취하는 자들이 교육의 실권을 쥐고 있다. 참으로 잔인한 일이다.

객관식 시험과 우민화 교육

초등학교 5학년인 아들이 사회 과목 문제풀이를 하다가 도움을 청하였다. 질문은 "다음 중 직업을 택할 때 고려해야할 요소가 아닌 것은?"이었고, 보기로는 높은 경제적 수익, 자신의 적성, 미래사회의 변화 등등이 있었다. 정답은 '높은 경제적 수익'이었는데, 왜 이것이 정답인가 하는 것이었다. 필자와 아내는 실소를 터뜨리며 어떻게 설명을 해야 할지 난감할 수밖에 없었다. 필자가 보기에는 문제 하나하나가 다 문제투성이였다. 저런 문제들을 풀면서 정답을 확인하고 이른바 '오답 노트'를 작성해가며 공부한다는 것이 무슨 의미가 있는가 하는 생각이 들며 말 그대로 우민화(愚民化)교육 아니면 단세포 교육이라고 이를 불러도 좋겠다고 생각했다.

말이 나온 김에 객관식 시험에 대해 약간의 철학적 성찰을 해보는 것도 의미가 있겠다. 객관성은 주관성이 배제된 상태로서 개인의 사사로운 이익이나 각자의 입장에서 벗어나 있는 공평하고 중립적인 그 어떤 상태를 의미한다. 대체로 객관성이라는 말에는 긍정적인 의미가, 주관성이라는 말에는 부정적인 의미가 내포되어 있다. 이렇게 객관성이라는 말에 긍정적인 의미가 가미된 것은 서양에서 계몽주의 내지는 합리주의의 성과가 빛을 발하고 기술과 자연과학이 최고도로 발달하던 19세기적 사고에서 유래한다고 보아야 한다. 자연과학에서 관찰, 실험, 검증의 과정을 거쳐 발견되는 법칙은 객관성이 있는 것으로 여겨졌는데, 이 과정에서 인간의 주관적인 개입은 객관적인 법칙을 발견하는 데에 장애가 될 것이라고 인식되었다. 자연과학에서 획득될 수 있는 명확하고 보편적인 그리고 가치중립적인 객관성은 이러한 인간의 특수하고 개별적인 주관성을 극복하고서만 획득될 수 있는 그 무엇인 것처럼 보였다. 이러한 영향으로 주관성을 불신하게 되면서, 정신과학에도 자연과학적인 객관성이 모든 학문의 학문성과 정당성의 척도로 자리 잡게 되었다. 우리의 '객관식' 선다형택일 시험에 대한 맹목적 신뢰에는 이러한 철학적 사고가 바탕을 이루고 있다고 생각할 수 있다.

그러나 우리가 일상생활에서 부딪치게 되는 각종 문제들은 객관식 문제처럼 정답이 완성된 형태로 미리 확실하게 주어져 있지 않다. 우리가 접하게 되는 대부분의 문제들은 각자의 선호도가 다르거나 각자의 이해관계가 복잡하게 얽혀 있어 발생하는 것들이다. 요컨대 현실의 문제는 타당한 답이 미리 주어져 있지 않으므로 관계되는 사람들이 해결

책을 만들어 가야 한다. 자기의 주관과 지식과 경험을 동원하고, 다른 사람들과 토론하고 타협해 가면서 타당한 해결책을 제시하여야 한다. 이러한 해결책은 정답(正答)이냐 아니냐가 중요한 것이 아니라 다른 사람들이 보기에도 주어진 문제를 얼마나 합리적이고 설득력 있게 풀어나갔느냐 즉 정해(正解)가 중요한 것이다. 사실 정신과학에 있어서도 이미 오래 전부터 인간의 주체적인 의식 없이 어떻게 사고가 가능한가에 대한 성찰이 진행되어 왔으며, 객관적인 것처럼 보이는 인간의 모든 판단에는 개인적 선호나 선이해(先理解) 등이 전제되어있다는 점에 대한 철학적 성찰 역시 현대에 들어 많이 진행되어 왔다고 한다.

텔레비전의 한 고발 프로그램에서 지도자 숭배에 빠져 허우적거리는 종교 단체 젊은이들의 모습이 나왔던 적이 있다. 다단계 회사 등의 상술에 혹하여 이용당하는 젊은이들의 사례도 뉴스에 자주 나온다. 대학에서도 토론식 수업이 쉽지 않고 젊은이들의 사고의 폭이 매우 제한되어 있어 창의적인 생각이 나오기 힘들다고 한다. 필자는 이런 것들의 근본적인 원인이 객관식 시험으로 대변되는 우민화 교육에 있다고 믿는다. 인간의 모든 지식의 에센스란 정답을 고르는 형태의 문제로 바뀔 수 있다고 믿는, 또 모든 문제에는 정답이 존재한다고 믿는 사고방식이 오랜 기간의 객관식 시험이 기반이 되었던 교육을 통해 각인된 것이라고 본다. 그리하여 외부의 새로운 자극을 회의적 혹은 비판적으로 사유할 수 있는 능력이 떨어지고, 각종 이단 종교의 광신자들이 많아지고, 논리적으로 상대방을 설득하기 보다는 목소리를 높이는 지적 미숙아들을 양산하는 것이 아니겠는가. 형식이 내용을 결정한다는 말이 있듯이 이러한 객관식 시험 자체가 우리의 사유구조를 파편화시키는 것이다.

마침 홍세화 씨가 프랑스의 교육에 대하여 쓴 글을 읽고 부러운 마음을 감출 수 없었다.

"나는 한편 너희들이 프랑스 학교에서 배우는 내용들을 보고 자주 놀라기도 했지. 암기 위주가 아니라 표현 및 작문 능력과 또는 사물에 대한 판단능력 위주의 교육이라는 말은 들었으나 그 실제를 보곤 정말 깜짝 놀라야 했단다. 프랑스어는 물론 역사, 지리, 사회, 경제 그리고 영어, 독일어 까지 논술과 작문이 주였으니까. 수현이는 고2학년 때 '18세기 프랑스의 종교와 철학'이란 제목으로 논문을 썼지. 나는 그 내용을 보고 혀를 내둘렀단다. 루소, 볼테르, 몽테스키외, 디드로 등에 대하여 그때 이미 그 중요한 내용을 파악하고 있는 것으로 보였기 때문이야. ……프랑스가 대학입학 자격시험에서 철학과목을 포함시키는 세계 유일한 나라라는 이유도 있겠지만 그 내용은 나의 상상을 초월한 것이었지."

(홍세화, 《나는 빠리의 택시운전사》, 2006)

조상님이 본 시험의 폐해

틈틈이 우리나라의 역사책을 읽다보면 다산 정약용 선생, 성호 이익 선생 등등 특히 조선 시대에 당시 사회의 개혁론을 주장한 조상님치고서 과거 제도의 폐단을 언급하지 않은 분이 없다.

최근에 박제가 선생의 《북학의》를 읽는 중에 역시 온 힘을 다해서 과거시험의 폐단을 언급하는 목소리를 듣게 되었다. 《북학의》란 책은 18세기 말 우물 안 개구리처럼 세계의 변화와 담쌓고 가난과 수탈에 찌든 조국의 현실을 개혁하고자 하는 울분과 열정이 장마다 배어있는 책이다. 임금에게 이 책을 올리며 쓴 서문에서 그는 '신은 아침에 이러한 결과를 보고서 저녁에 죽는다 해도 아무 유감이 없습니다'라고 토로한다.

그는 책의 적지 않은 부분을 '과거론'이라 하여 할애하고 있고 책 전편에 과거 제도가 나라를 옴짝달싹 못하게 얽어매고 있음을 언급하고 있다. 다수 백성이 초근목피로 연명하는 나라에서 한 해에 크고 작은 과거시험장에 10여만 명이 몰려와 아수라장이 벌어지고 조금 머리가 있다 하는 자들은 다 과거에만 몰려드는 현실을 개탄하고 있다. "의의(疑義:과거시험문제)라는 과거시험의 숲에 갇혀 옴짝달싹하지 못하고 그 길에서 기운을 다 소진하"며 "과거에 오른 첫날에 얼굴에 먹칠을 하고 펄쩍펄쩍 뛰며 춤추는 광대짓"을 비웃고 있다.

그러기에 "오늘날 경장(更張:새롭게 고침)을 해야 한다면 과거보다 먼저 손대야 할 것이 없다"고 한다. "내가 하루 종일 밥을 먹지도 못하고 밤이 새도록 잠을 설치면서 생각에 생각을 거듭해도 이해할 수 없다"고 그가 말하는 과거 제도의 문제점은 무엇일까?

첫째로 과거 제도가 인재 선발이라는 본래의 목적을 상실했다는 점이다. 당시 과거에서는 '과체'라는 과거시험 문체의 기예를 테스트하는 것이 주였는데 이것이 과거 합격 후 국가사무에서 아무 짝에도 쓸모가 없는 것이라는 것이다. "어린 아이 때부터 과거 문장을 공부하여 머리가 허옇게 된 때에 과거에 급제하게 되면 바로 그 날로 그 문장을 팽개쳐버린다. 한평생의 정기와 알맹이를 과거 문장 익히는 데 전부 소진하였으나 정작 국가에서는 그 재주를 쓸 곳이 없다"고 말한다.

둘째로 과거 시험으로 인해 모든 공부가 시험의 수단으로 전락함을 말한다. "독서하는 자들은 글자를 보기만 하면 압운(押韻)할 것을 생각하고, 문구를 보기만 하면 시험제목을 떠올린다." 나아가 시험 준비를 통해 수험생들이 돌이킬 수 없는 병에 걸린다는 것이다. "대나무가 처음

솟아나는 기세를 보이는 열 살 무렵에 과거시험 문장을 가르쳐서 몇 해를 골몰하게 만들면 그 이후에는 그 병을 고칠 길이 없다"고 탄식한다. "공령문(功令文: 과거에 쓰는 문장)이라는 껍데기로 한 개인의 내면에 온축한 포부를 점치고, 들뜨고 허황한 상투어로 천하의 문장을 구속한다"고 통박한다.

셋째로 과거 시험의 존재로 인해 사회의 모든 에너지가 이곳으로 몰릴 수밖에 없음을 지적한다. "천하의 모든 길을 막아놓고 문을 하나만 만들어 놓는다면 공자라 할지라도 그 문을 통해 가야 할 것이다." "품계와 녹봉이 미끼가 되어 과거 보기를 부추기고, 일신의 영달이 이 시험에 달려있다. 따라서 물과 불 속에 잘 들어가느냐는 표준으로 시험을 본다 하더라도 물과 불 속으로 뛰어들지 않는 자가 없을 지경이다. 선비들이 품은 뜻이 옛날 사람과 다르겠는가? 과거의 풍습이 선비를 저렇게 만든 것이다."

그리하여 박제가가 보기에는 과거는 "다소 똑똑한 사람이라면 10여 일에서 한 달 정도만 과거에 쓰이는 문장을 공부해도 너끈히 합격할 수"도 있으며 또 "한순간의 잘잘못으로 평생의 진퇴를 결정하는" 것이어서 "제비뽑기 놀이의 재수보다도 못한" 믿을 수 없는 것이 되었고 인재 기용이 방법이 "외형에 있지 능력에 있지 않은" 것이며 그리하여 인재의 발굴을 오히려 제한하고 있다고 결론짓는다.

그렇다면 그가 제시하는 해결책은 무엇일까? 그는 과거 제도를 완전히 없앨 수 없다면 이를 개선할 방법을 찾아볼 것이라고 하는데, 첫째는 시험출제의 내용을 개선한다든가 특히 당시 과거 제도의 부패상에 비추어 과거 시험 질서를 바로 잡을 것을 건의한다. 둘째는 과거 시험 이외의 인재 선발 방식의 필요성에 대해 말한다. "진정한 인재를 얻고자 하는 자라면 반드시 뜻하지 않은 방법으로 불시에 그 인재를 시험해야 한다"고 하고 또 "벌열(閥閱) 외에 재능과 덕망이 출중한 사람이거나 한 가지 기술과 한 가지 예술에 능한 사람이 있으면 천거토록 하고 천거한 자에게 상을 내린다"는 제안을 한다.

결론적으로 그는 선비를 시험하는 방법이 고대로부터 어떻게 바뀌었는가를 잠시 본 후에 "각 시대마다 각각 다른 방법으로 선비를 시험하였으며 각각 다른 기준으로 인재를 취하였다"고 한 후 결국은 자기 시대에 적합한 제도를 만들기 위한 노력이 그러한 변천의 바탕에 있음을 강조하고 있다.

참된 인재의 발굴을 어떻게 하여야 하는지, 도대체 시대는 어떠한 인재를 원하는지에 대한 박제가 선생의 치열한 고민을 느끼면서 과연 우리 사회는 얼마나 진지함을 가지고 이 문제를 고민하고 있는지 회의가 밀려왔다. 말로만 지식기반 사회요, 인재 전쟁이요, 한 사람이 만 명을 먹여 살리는 사회라며 떠들고 심지어 교육부의 이름마저 '인적자원부'로 바꾸었지만 말이다. 우리의 인재관이 바뀌지 않고서는 결코 선진사회로 나아가지 못하리라.

최근에 접한 다른 글은 유길준 선생의 〈과문폐론(科文弊論)〉이다. 이는 최초의 미국 유학생 유길준이 1877년 과거 제도의 해악을 비판하여 지은 글이라고 한다. 조선 시대 개혁론자의 거의 마지막 주자로서 유길준 선생이 열변하는 목소리를 들을 수 있었다. 몇 군데만 인용해보자.

"소위 선비를 문장으로 시험한다는 것은 방법치고는 너무 졸렬한 것이다. 두세 명의 시험관이 붓을 들고 심실(深室) 속에 앉아서 그 고하(高下)에 방점을 찍어 그 장단을 판별한다고 하나, 눈은 이미 혼미하고 마음마저 흐리멍텅하니 손놀림도 따라서 황란(慌亂)해지는 것이다. 하루 사이에 어떻게 천만 명이 평생 동안 지력(志力)을 기울인 것을 다 판별할 수 있단 말인가. ……그러므로 과문(科文)이란 것은 도를 해치는 함정이자 인재를 해치는 그물이며 국가를 병들게 하는 근본이자 인민들을 학대하는 기구이니, 과문이 존재하면 백해가 있을 뿐이며 없더라도 하나가 손해가 없는 것이다. ……아! 과문이 폐지되지 않으면 성인의 도는 행해지지 않을 것이요, 성인의 도가 행해지지 않으면 세교(世敎)가 진작될 수 없어 인민의 풍속이 날로 천박해 질 것이다."

필자는 특히 '선비를 문장으로 시험한다는 것은 방법치고는 너무 졸렬한 것이다'라는 표현이 와 닿는다. 그는 지필 시험의 한계를 뼈저리게 느낀 것이다. 또 그것이 나라 전체에 미치는 폐해를 조목조목 언급하고 있다. 망국의 흐름을 느끼고 있었던 것 같다.

그래서 격하게 말한다. 과문 즉 시험이란 인재를 해치는 그물이며 국가를 병들게 하는 근본이자 인민들을 학대하는 기구라고. 참된 인재의 양성을 방해하고 국민들을 학대하며 학문하는 정신을 망가뜨리며 필경에는 나라를 망하게 하는 이 시험제일주의에서 벗어나지 않은 한 유길준 선생이 오늘 다시 태어나도 같은 탄식을 하시지 않겠는가.

시험에 대한
신화를 깨라

필자는 2009년 여름에도 사법시험 문제은행의 출제를 의뢰받아 2-3주일 머리를 썩였다. 객관식 문제출제도 갈수록 복잡해져서 기본적으로 8지선다형에다 양식도 단순 택일형은 지양하고 조합형이나 괄호넣기형 등 포괄적인 문제를 출제해 달란다. 그리고 단순한 지식을 묻는 문제는 피하고 종합적인 응용력이나 이해도를 측정할 수 있는 문제를 주문한다. 그러면서 무엇보다 정답에 대해 이의가 제기될 수 있는 점은 절대 피해달란다. 참으로 어려운 주문이다.

그래도 우리나라의 최고의 시험이라는 문제를 출제하면서 갖게 되는 단상은 마치 숨바꼭질을 하는 기분이라는 것이다. 출제자 측에서는 항상 새롭고 변별력이 있고 공정한 시험의 이미지를 유지하기 위해 머리를 짜내고, 수험생 측에서는 보다 빨리 그러한 정보를 알아내고 출제경향에 적응하기 위해 안달하게 된다. 그리고 이 틈을 노려 각종 수험장사가 활개를 친다. 학원가에서는 신 출제 경향 대비 운운하면서 불안한 수험생들을 호객하고 수험서들도 새로운 수요에 맞춰 넘쳐난다. 꼭 사법시험만이 아니라 우리나라는 가히 '시험 공화국'이라고 할 정도로 각종 시험이 난무한다. 대학입학 시험, 편입 시험, 각종 국가고시, 입사 시험, 승진 시험 하다못해 직장에서 감원을 할 때도 시험을 치러 성적이 나쁜 순으로 자르는 경우도 종종 있다. 이러한 시험 문화의 바탕을 이루는 사고에는 몇 가지 허점이 있다.

첫째로 시험은 사람의 능력을 평가하는 가장 적절한 수단이라는 믿음이다. 저마다 많은 시간을 들여 시험을 준비하는 과정을 통해 능력이 배양되고 고난도의 치열한 경쟁시험을 통해 선발된 사람은 자신의 능력이 우수함을 증명한 것이라고 보는 것이다. 우리는 지난 천여 년 동안 과거 시험이라는 절차를 통해 국가 관리를 선발해왔고 과거의 장원급제자들이 정치가와 관료가 되어 나라를 지배해왔는데 이것의 바탕에는 시험에 의한 능력자의 선발이라는 이데올로기가 깔려있다.

그러나 실제로 시험을 준비해보고 또 우수한 성적으로 합격한 사람들 자신도 가만히 생각해보면 이 시험 제도의 허구성을 들여다 볼 수 있을 것이다. 시험이라는 것은 아주 단순한 능력의 테스트가 아닌 이상 인간의 재능을 측정하는 데 너무나 미비한 제도다. 더구나 그 시험이 일정한 시기에 단번에 이루어지고 정형화 된 것일수록 더욱 그렇다. 시험 제도라는 것은 그 존재 자체로 인간의 모든 사고와 에너지를 묶어버리는 족쇄와 같은 것이다. 수험생들은 저마다 최소의 노력을 투입해 우수한 성적과 합격이라는 최대의 효과를 얻기 위한 모든 노력을 경주하게 된다. 시험 자체가 지상목적이 되는 것이다. 결국 시험을 통해 측정되는 것은 시험이라는 주어진 틀에 맞추어 자신을 얼마나 효과적으로 적응시킬 수 있는가 하는 이른바 '시험적합성'에 지나지 않는다. 이처럼 시험제도는 그 시험을 통해 우수한 능력자를 선발하기도 힘들지만, 그 시험의 준비 과정을 통해 필요한 능력이 배양되기 보다는 오히려 치열한 시험일수록 수험생의 에너지를 소진시키는 철저한 소모적인 싸움이 되게 마련이다.

둘째로 시험은 공정하다는 사고다. 시험은 모든 참가자가 동일한 조건에서 동일한 문제로 평가되어 성적순으로 석차를 매겨 선발하니 그 과정에 문제가 없는 한 누구도 결과에 이의를 제기할 수 없다는 것이다. 사실 시험 제도의 진정한 존재이유는 능력자의 선발이라는 실질적 목적보다 절차적 공정성을 담보하는 데 있다. 즉 시험은 흔히 말하는 것처럼 '승복(承服)의 기제'일 뿐이다. 스포츠 경기에서 기록이 모든 것을 말하듯 시험에서도 성적순 석차가 모든 것을 말하는 것이다. 패자는 할 말이 없고 승자는 영광을 누린다.

그러나 단순한 승복의 기제로서 시험 제도가 제공하는 절차적 공정성이란 너무나 값싼 것이다. 그것은 마치 경찰관 입회하에 복권을 추첨하여 승부를 정하는 것과 본질적으로 큰 차이가 없다. 그것은 실질의 문제에 정면으로 부딪혀 해결해 나갈 모든 의지를 포기하는 것이며 그에 따르는 인간으로서의 고귀하고 가치 있는 모든 판단행위를 포기하고 인간을 한낱 시험의 객체로서 격하시키는 것이다.

사람이 사람의 능력을, 그것도 잠재적이고 복잡한 능력을 평가하는 것은 어렵고도 미묘한 것이다. 그것은 평가자의 전인격이 반영되는 문제다. 또한 많은 재량의 여지가, 또 부정적으로는 정실이나 부패의 여지도 있다. 그러나 그러한 위험을 회피하기 위하여 안일하게 시험 제도에 기대는 것은 우리 사회를 영원히 미숙아의 상태로, 원색적이고 소모적인 경쟁의 상태로 남아있게 할 뿐이다.

셋째로 국가가 주관하는 전국 단위의 통일적 시험이란 바로 국가의 통제 이데올로기의 통로라는 점이다. 과거시험 제도를 도입한 당나라의 태종은 '이제 이 나라의 귀족들은 새장 안에 든 새들과 같다'며 회심의 미소를 지었다고 한다. 국가가 중앙집권적인 통제력을 가장 손쉽게 유지하는 방법은 이처럼 관리가 되는 전국 단위의 공개경쟁선발 시험제도를 손에 쥐고 통제하는 것이다. 국가가 교육에 대해 통제하는 가장 쉬운 길은 국가가 전국단위의 입시 제도를 독점적으로 운영하는 것이다.

옛날의 운동권 출신의 여러 젊은이들이 결국은 사법시험 등을 준비하여 제도권에 들어오는 경우들이 많이 있었다. 국가에 대한 비판적인 지성들이 국가가 시행하는 고달픈 수험 과정을 거치면서 자신을 경쟁시험에서 선발한 국가의 은혜를 되새기며 국가주의의 충실한 전도사로 변신하게 된다. 그러고 보면 우리 사회가 진정한 시민 사회로 가는 발목을 잡고 있는 것이 바로 국가가 관리하는 전국 단위의 각종 시험제도이다. 국가 시험 제도는 시민이 아니라 국가의 신민(臣民)을 만드는 것을 목적으로 하는 국가주의 이데올로기의 또 다른 면에 다름 아닌 것이다.

시험 제도는 한마디로 야만이다. 시험은 인간의 존엄에 대한 훼손이며 인간의 무한한 능력에 대한 폄하이다. 시험 제도에 대한 과도한 신뢰는 그 사회의 지적 미성숙을 나타내는 척도일 뿐이다. 사람이 일생에 치를만한 시험이란 운전면허 시험 정도면 족할 것이리라.

시험은 유물론이다

시험 제도는 일종의 유물론적 사고에 기초해 있다. 마치 어떤 물건의 성질이나 정도 등을 일정한 장치를 통하여 측정하면 일정한 수치를 얻어낼 수 있듯이, 인간도 시험이라는 표준화된 검사 장치를 통과시켜보면 그 인간의 능력에 대한 정확하고 합리적인 데이터를 얻어낼 수 있다고 믿는 것이다. 일찍이 인간의 지능을 일정한 시험도구로 측정해보고자 하는 시도가 이른바 IQ시험이라는 것을 낳았듯이, 모든 시험은 이런 IQ시험의 연장선상에 있는 것이다.

로스쿨이 도입되고 두번째로 치르는 법학 적성 시험, 이른바 'LEET (Legal Education Eligibility Test)'라는 것이 2009년 여름 시행되었다. 더운 여름에 응시자들은 학원에서 모의 문제를 풀어보며 땀을 흘려야했고 적지 않은 응시료를 지불해야 했다. 필자의 동료 교수는 거의 3주 가까이 합숙 출제에 들어갔다 나왔으니 여러 사람이 참으로 고생이 많다. 이를 보면서 문득 이런 생각이 든다. 과연 법학 공부에 적성이란 것이 따로 있는 것인가. 그리고 그 적성이라는 것이 있다면 과연 몇 시간의 지필 시험으로 측정될 수 있는 것인가. 적성 시험의 높은 점수는 법학 공부, 나아가 법률가로서의 성공도와 과연 상관관계가 있는 것일까. 최근 일본의 사례를 보니 법학 적성 시험과 로스쿨 졸업 후 변호사 시험의 합격률은 전혀 상관관계가 없음이 드러났다고 한다.

법학 교수로 20년을 지낸 필자로서도 솔직히 말하면 과연 내가 법학에 적성이 있는 사람인지 잘 모르겠다. 다만 법조인이 되고자 하는 사람에게 권장될만한 몇 가지 성향은 말할 수 있을 듯하다. 우선 지성적인 측면에서는 기본적으로 논쟁을 좋아하고 시비를 가리고자 하는 성향이다. 모든 분쟁에서 당사자들은 저마다의 입장과 근거가 있는 것인데, 이 중 누가 더 옳고 더 설득력이 있는지를 끝까지 가려보려는 성향이다. 분쟁을 적당히 절충하는 양비론(兩非論)적인 사고는 법률가가 경계해야 할 대상이다. 그리고 그보다 더 중요한 것은 의지적 측면이라고 생각한다. 불의함, 불공정함, 무원칙함 등을 보고 참지 못하고 분노를 폭발시킬 수 있는 에너지, 크고 작은 정의의 실현을 위해 자신에게 돌아올 수 있는 손해를 감수하고자 하는 정의감, 그러면서도 약자에 대한 세심한 배려심 등등이 여기 포함되는 자질일 것이다.

이러한 법학도 혹은 법률가로서의 적성과 자질을 과연 지필 시험 그것도 객관식 선다형 시험으로 평가하는 것이 어떤 의미가 있을지 필자는 상당히 회의적이다. 시험 내용 중 '언어이해'라는 것은 고급 국어시험인 듯하고 '추리논증'이란 고급 IQ테스트와 비슷한 듯하다. 몇 해 전이 시험의 도입에 관한 토론회에서 담당 공무원이 이 시험은 일반 지식 시험과 달라서 오래 준비를 해도 점수가 오르지 않는다며 개개인의 법학 적성을 판정하는 시금석이라도 되는 듯 선전하는 것이었다. 이에 필자는 법학이라는 고급학문 분야의 적성을 한 번의 지필 시험을 통해 객관적으로 평가할 수 있다고 생각하는 것이야말로 유치한 일종의 유물론적 사고라고 비판했다.

종래의 지식을 검증하는 시험이 한계가 있다하여 각종 공무원 시험에서도 여러 해 전부터 이른바 공직 적성 시험(PSAT: Public Service Aptitude Test)이 도입되었다. 역시 법학 적성 시험과 유사한 내용의 시험이다. 그러나 공직에 대한 적성을 이처럼 몇 십 분의 지필 시험으로 평가하고 수치화하여 결정적인 자료로 삼는다는 것은 참으로 우스운 일이다. 사람의 지식을 테스트하는 것에도 한계성을 절감하는 터에, 사람의 적성을 이렇게 간단히 테스트해 데이터화할 수 있다는 사고란 유물론적 사고의 극치다. 필자는 시험에 유물론의 딱지를 붙이는 것이 일반인들의 시험에 대한 맹목적 숭배에 경종을 울리는 가장 좋은 명명이 아닐까 생각해 본다.

요컨대 시험제도는 인간을 도구화하고 인간을 한낱 시험의 객체로 전락시키는 것이며 근본적으로 인간의 존엄을 훼손하는 장치라는 인식을 갖는 것이 매우 중요하다. 인간의 존엄이란 각 개인이 저마다 타고난

소질과 적성을 존중하고 인격적 자기계발을 보장한다는 것이 핵심이다. 우리 헌법에도 "모든 국민은 인간의 존엄과 가치를 가지며, 행복을 추구할 권리를 가진다"라고 하고 있다. 독일 헌법 제2조 제1항은 이를 더 구체화하여 "누구나 '자기 인격의 자유로운 전개(freie Entfaltung seiner Persoenlichkeit)'에 대한 권리가 있다"고 선언하고 있다. 시험이라는 족쇄야말로 각인이 자기 인격을 자유롭게 전개하고 인간으로서의 본래적인 행복을 추구하는 길을 원천적으로 방해하는 제도라는 것을 우리 사회가 인식했으면 한다. 오늘도 각종 시험 준비에 짓눌려 답답한 도서실에서 자폐적으로 문제집 풀이에 몰두하고 시험으로 인한 긴장으로 인해 만성 소화불량에 시달리는 청소년들과 각종 수험생들의 한숨소리가 들린다.

시험이라는 종교의 타파

얼마 전 저녁 대학친구를 만나 시간을 보냈는데 밤이 늦었는데도 들어갈 생각을 안 한다. 마누라가 밤마다 새벽까지 공부에 열중이란다. 공인중개사 시험공부란다. 몇 년째 하고 있는데 올해도 2차에서 떨어져 다시 시작하고 있단다. 필자는 공인중개사 시험 출제도 여러 번 해보았는데 알고 보면 대단한 시험이다. 응시생이 많을 때는 20만 명을 넘길 때도 있는 수능시험 다음으로 규모가 큰 대형 시험이다. 필자의 옆방 교수도 지난 달 갑자기 시험위원으로 차출되어 2주나 감옥생활을 하고 나왔다. 그 많은 출제 교수들의 수당이며 시험관리비용이 적지 않게 들 것이고 그것은 필자 친구의 부인 등을 포함한 수많은 응시생들의 주머닛돈에서 나올 것이다. 중개사 시험을 대비한 각종 수험강좌들로 학원가는 돈벌이를 하고, 각종 수험서들이 나돌고, 법대 교수는 출제위원 등등 하면서 용돈을 벌고, 산업인력관리공단인가 하는 관리부서의 공무원도 있고 이 시험으로 먹고사는 사람들도 많다. 그러나 정작 그렇게 얻은 공인중개사 자격증의 대부분은 그저 장롱 속에서 낮잠을 자고 있다.

그보다 더 문제인 것은 시험 준비 과정이 실제 업무 수행 과정과 별로 큰 관계가 없다는 것이다. 업무와 그다지 관계가 없는 온갖 잡다한 지식들이 5지선다형의 형식으로 나열되고 정답을 잘 찍은 사람들이 합격한다. 필자가 생각하기에는 중개사 업무를 하고 싶은 사람들에게 100시간 정도 연수를 시키고 나서 수료증과 함께 자격증을 주는 것이 훨씬 경제적이고 현명한 일이다. 굳이 기본 지식이라도 검증해야겠다면 운전면허 시험 정도의 널널한 최소 지식에 대한 테스트로 충분하다. 대학 교수인 나도 헷갈릴 정도의, 심지어는 제시간에 다 읽기마저 어려워 몇 해 전 큰 항의소동까지 일어날 정도의 어처구니없는 일이 벌어진 것은 참으로 우스운 일이다.

말이 나왔으니 시험 성적과 그 시험이 내세우는 능력측정과는 별로 관련성이 없음을 사법시험을 예로 들어본다. 몇 해 전 사법시험 1차 시험 출제위원으로 들어갔다. 며칠에 걸려 출제위원이 얼추 문제를 만들어 놓으면 이른바 검토위원이 들어와 실전과 같은 상황 특히 제한시간 내에 문제를 풀어본다. 검토위원으로는 대학 교수 1인과 아직 시험의 기억이 남아있는 사법연수원생 몇이 들어오는데, 같은 시간에 문제를 풀기 시작하면 교수는 본인의 전공과목인데도 제한시간 내에 반도 못 풀고 땀을 흘리고 있는데 연수원생들은 이미 다 풀고 재검토하고 있다.

이에 검토위원으로 들어오는 교수들이 교수에게 너무 굴욕적인 일을 시킨다고 항의하여 두세 해 전부터는 교수 검토위원은 모의 응시를 하지 않는다고 한다. 사실은 출제위원인 필자 역시 본인이 출제에 관여한 문제라 해도 나중에 시험장에서 풀어보라 하면 몇 점이나 받을지 자신이 없다.

이처럼 시험의 난이도가 갈수록 높아지는 것은 높은 경쟁률과 다수의 '시험 고수'들의 참여, 그리고 사후 모든 정보가 공개되는 시험이 수십 년 누적된 결과다. 또 시험의 본질이 본래의 목적에서 벗어나 단지 시험 후 이의제기 없는 문제를 만들어 순위를 정하는 일에만 전념하기 때문이다. 교육학에서는 이를 시험의 목적이 타당도에서 신뢰도로 옮겨갔다고 말한다. 그러다보니 시험위원은 항상 논란이 내재되어 있을 수밖에 없는 사회과학적 명제들을 시험점수에 인생을 걸고 눈이 발개진 수만의 수험생들에게 사후에 조그만 꼬투리도 주지 않는 방식으로 즉 단일 정답이 명백한 5지선다형의 형식에 담아 출제하게 되었다. 이러다보니 시험의 내용은 갈수록 난해해지고 때로는 기기묘묘해지고 최근에는 8지선다형을 기본으로 하게 되었다. 전공 교수인 필자도 필자의 전공과목을 응시해서 치른다면 설령 나이를 감안해서 더 많은 시간을 준다고 해도 아마 평균이하의 점수를 받을 수밖에 없을 것이다. 필자는 그런 문제들을 받고서도 짧은 시간 내에 주어진 정보와 확률 등을 고려하여 척척 정답을 찍어내는 수험생들을 보면 놀랍다기보다 불쌍하다는 생각이 들기도 한다. 의미도 잘 모르면서 우겨넣은 저 수많은 판례의 조각들과 지식의 편린들이 과연 법조인이 되는 그들에게 얼마나 의미가 있을까 생각이 든다. 더구나 시험을 앞두고 입력한 지식들의 80%는 시험장을 나서면서 머릿속을 떠난다는 것이 나의 경험이자 지론이다.

그러고 보면 시험이란 일종의 저급한 지적 숨바꼭질과 같다. 출제자들은 모여서 그들의 해당분야의 우월한 지적 능력을 발휘해 수험생들이 정답을 찾기 어렵게 숨기고 헷갈리게 하고 실족케 하는 데 진력하고, 수험생들은 그러한 트랩을 피해서 정답을 찾으려는 게임과 같은 것이다. 시험이 이미 응시생에게 덫을 놓는데 주목적을 두기 시작하면 그것은 이미 시험으로서의 기능을 상실한 것이라고 할 수 있다. 사회적 비용을 생각하면 오히려 제비뽑기만도 못한 것이다. 문제는 우리 사회의 모든 에너지가 이러한 저급한 숨바꼭질 놀음에 소모되고 있다는 것이다. 이제는 시험이 단순한 숨바꼭질이 아니라 각자의 전 인생을 건 '올인'의 도박이 되어가고 있다는 것이다. 입학철 학원 주관의 입시설명회에서 느끼는 열기는 거대한 도박판에서 느끼는 열기와 다른 바가 없다.

중국 청나라 시대의 과거 시험에 팔고문(八顧文)이라는 것이 있었는데 이는 과거 시험의 답안을 작성하는 매우 번쇄한 양식이었다. 시험 응시생들은 이 번잡한 답안의 양식을 익히는 데 머리털이 다 희어졌다고 한다. 마찬가지로 경쟁이 치열한 이른바 출세를 보장하는 각종 시험들은 모두 시험 후의 업무 관련성이나 직업 적합성 측정과는 거의 무관한, 단지 잡음 없이 다수의 희망자 중에서 일부를 가려내는 목적만을 가진 형식적인 절차에 불과하다. 다만 사회적으로 그럴듯한 의식을 동반하여 치르고 있는 행사다. 왜 그런가?

우리에게 시험은 여전히 하나의 신성한 종교 행위이다. 공부 중에서도 시험공부는 이런 신성한 종교 행위에 참여하기 위한 수양의 단계와 같다. 그래서 그 과정에서 겪는 불안과 지루함과 육체적 · 정신적 질병 등등 모든 고난을 구도자적 자세로 이겨낸 자, 그리고 그 고난의 과정에 동참한 가족들은 그 결과가 구원과 해탈로 이어졌을 때 그 열매를 마음껏 누릴 자격과 권한이 있다고 사회가 인정해주는 것이다. 그래서 가장 큰 전 국민적 종교 행사인 수능시험은 여러 종교기관들에게도 큰 대목인 것이다. 교회와 절 그리고 무속 신앙 등은 이와 관련한 각종 종교 상품을 파는 데 수완을 발휘하고 시험장 밖에서 열심히 염주를 돌리는 어머니의 모습은 많은 국민들에게 종교적 엄숙함까지 불러일으킨다.

시험이 종교 행위의 기능을 한다는 것은 단순히 의식의 차원이 아니라, 우리 사회에서 시험이 모든 사회적 갈등의 최종적 판정 장치이자 예방 장치의 기능을 한다는 것이다. 인간사 모든 고해와 갈등은 제한된 자원을 다수가 나눠 갖고자 하는 데서 나오는 것인데 우리는 이러한 사회적 자원을 시험이라는 행위를 통해 분배하기 때문이다. 시험 자체의 합리성이나 적절성 등은 문제가 되지 않는다. 사회학자들은 이를 가리켜 시험에는 '승복(承服)의 기제'라는 기능이 있다고 한다. 오로지 시험, 특히 모두가 평등하게(?) 참여할 기회만 보장되는 시험이라면 그것은 신성성을 덧입어 절대적인 권위를 얻게 된다. 아무리 무능한 공무원도 20대에 취득한 행정 고시 합격이라는 부적만 쥐고 있으면 아주 재수가 없지 않는 한 모든 복락을 누릴 수 있다.

시험이 이처럼 사회적 자원 분배에 절대적 권위를 갖고 있었기 때문에 우리는 이른바 인적 자원의 최적 분배라는 개념을 잘 알지 못한다. 쉽게 말하면 인재의 적재적소의 배치, 아니면 한마디로 인재관(人才觀)이 개발되지 못했다고 할 수 있다. 예컨대 A회사에서 한 명의 직원을 뽑으려고 공고를 했더니 열 명의 응모자가 모였다고 하자. 이 경우 선발 책임자가 가장 손쉽게 그리고 책임을 지지 않을 수 있는 방법은 일반 상식이건 뭐건 시험을 치러 1등한 자를 뽑는 것이다. 그러면 나중에 뒤에서 거래가 있었다느니 하는 뒷말도 피할 수 있고 공정성이라는 외피도 덧입을 수 있으며, 그 선발된 사람이 이후 업무 능력이 형편없어도 시험으로 뽑았다는 것을 내세워 방패막이를 할 수 있다. 게다가 시험은 별로 돈이 들지 않는다. 어차피 내용은 그다지 중요하지 않다. 달리기를 시켜도 되고 심지어는 추첨과도 별 차이가 없는 시험이 될 수도 있다. 중요한 것은 시험이라는, 즉 인쇄된 문제지가 긴장한 채 눈을 감고 기도하고 있는 수험생들 앞에 분배되고, 엄숙한 감독관이 들어와서 주의사항을 주고, 시험 종이 울리는 종교 의례를 행하는 것이 다. 반면 실수 없이 제대로 사람을 뽑는 것은 그리 만만하지가 않다. 책임자는 많은 시간을 들여 지원자를 일일이 만나봐야 할 수도 있고 그 중 일부에게는 실제로 업무수행의 기회를 준 뒤 시간을 갖고 관찰해야 할 수도 있다. 물론 그에 따른 시간과 비용이 많이 들 것이고 특히 책임자의 스트레스도 더 커진다. 만일 능력이 모자라는 사람을 뽑았다간 그 책임을 선발한 책임자가 져야하고, 자신의 인재를 파악하는 능력이 부족함을 인정하는 것이기 때문이다.

문제는 이것이다. 사람을 뽑거나 판정하는 데 시험처럼 값싸고 무책임하고 적실성이 떨어지는 방법에 안주하는 사회와, 반대로 인재의 선발에 당연히 지불해야 할 비용을 아끼지 않고 선발에 대한 책임을 분명히 하며 나름대로의 인재관을 갖고 접근하는 사회 중 어느 사회가 발전하겠는가? 답은 분명하다. 21세기는 지식기반 사회고 인재가 중요한 시기다. 인재를 대우한다는 것은 바로 인재의 선발과정에서 가장 분명하게 드러날 수 있다. 예컨대 미국의 유수 대학들은 꼭 뽑고 싶은 학생에게 이런 편지를 보낸다. "우리는 귀하를 꼭 우리 학교에 모시고 싶습니다. 저희 학교로 결정하시는 데 도움이 된다면 무엇이든 질문해 주세요. 한 번 와보시는 것도 권합니다. 오신다면 왕복 비행기 값을 부담하겠습니다. 와 계시는 동안은 우리 기숙사를 사용하시면 됩니다. 깊이 고려해 주시기 바랍니다."

인재는 자기를 알아주는 곳에서 능력을 발휘할 수 있다. 왕조 시대에 재사들이 자기를 알아주는 군주를 위하여 봉사했듯이 말이다. 그러기에 인재를 뽑는 데 시험에 의존하는 나라, 그런 사회, 그런 기업, 그런 교육 기관 등은 21세기 인재 전쟁의 시대에 희망이 없다고 보아도 틀림없다. 우리나라가 선진국에 진입하려면 바로 시험이라고 하는 종교 행위를 타파해야한다. 마치 1960년대 새마을 운동으로 미신 타파를 외쳤듯 시험 종교를 타파하고 시험이라는 마약중독에서 벗어나야 한다. 또한 시험 애용에 깔려있는 게으름과 인간에 대한 예의 없음에서 벗어나야 한다.

과거 청나라가 몽골을 지배하면서 그들을 순치시키기 위해 각 가정에서 장남을 라마교로 출가시키도록 했단다. 결과적으로 초원을 누비던 몽골의 전사들이 다 불교의 허무주의에 빠져 순한 양들이 되었다는 것이다. 오늘날 시험이라는 종교는 우리 젊은이들이 갖고 있는 열정, 창의력, 도전의식의 무덤이 되고 있다. 최대한의 정신적 · 신체적 여유 속에 마음껏 방황(?)해야 할 청소년들이, 사회의 변혁을 위해서 고민하고 분투해야할 많은 젊은이들이, 또 필자 친구의 아내와 같은 중년의 주부들까지도 오늘도 학원과 고시원과 독서실의 골방에 갇혀 수험서에 밑줄을 그으면서 고난의 구도생활을 하고 있다. 구원과 해탈을 꿈꾸면서 또는 수도 중에 고통을 못 이기고 순교의 길을 택하기도 하면서.

그러면 시험을 떠난 우리에게 과연 새로운 구원의 길은 있는가?

시험을 떠난
구원의 길

2008년 많은 논란 끝에 처음으로 서울에 두 개의 국제중학교가 인가되었고 첫 전형이 이루어졌다. 많은 지원자들이 모였고 최종 전형은 미리 공고된 대로 서류 심사와 면접 등을 거쳐 3배수를 뽑은 후 최종적으로 추첨을 통해 입학생을 결정했다. 학생들이 미리 주황색 공, 노란색 공, 하얀 공을 뽑고 교장이 단에 올라가 한 가지 색깔의 공을 뽑는 방식이었다. 단 아래서 부모의 손을 잡고 긴장하며 추첨을 기다리던 학생들과 학부모들에게 교장은 당첨되지 않아도 자신을 원망하지 말기를 애원하면서 상자에서 공을 집었다. 실은 이미 각 학생들로부터 결과에 승복한다는 서약서까지 받아두었다고 한다. 교장이 볼을 치켜들자 만세 소리와 탄식 소리가 진동했다. 어린 아들 손을 잡고 만세삼창을 하는 부모들, 울먹이는 딸을 도닥이며 풀죽어 속히 떠나는 사람들의 모습이 엇갈렸다.

이튿날 각 언론에서는 이러한 모습을 비난하는 칼럼과 사설이 가득했다. '실력으로 뽑지 않고 로또식으로 뽑다니', '어른들이 아이들에게 차마 할 일이 아니다', '가장 비교육적인 방법' 등등. 그러나 정부는 다음 해에 신설될 자율고의 신입생 모집도 이에 준하는 3-5배수 선발 후 추첨의 방법을 택할 것임을 발표했다. 역시 이 안에 대해 주요 신문들은 "당당하게 학생 간, 학교 간 경쟁하도록 공정한 입시안을 마련해야" 한다며 비판에 열을 올렸다.

이 소동은 여러 가지로 우리에게 생각의 단서를 제공한다. 지금껏 교육 기관의 입학생 선발에서 평준화 제도의 시행을 제외하고는 추첨이 시행되는 유일한 경우는 아마 사립초등학교의 입학생 추첨일 것이다. 여기에는 아무런 제한 없이 누구나 추첨에 응모할 수 있다. 그런데 이번에는 1단계 서류에서 약 5배수를 선발하고 다시 면접을 거쳐 3배수를 선발하고 마지막 단계에서 추첨을 시행한다.

그러면 여기에서 추첨을 행하는 뜻은 무엇일까? 우선 교육 기관에서는 2단계에 뽑힌 3배수의 지원생들 중에서 교육적으로 의미 있는 변별 행위를 한다는 것이 불가능함을 선언한 것이라고 할 수 있다. 즉 당첨된 주황색 공을 집은 학생이 아니라 하얀 공을 집은 학생들이 입학한다 하더라도 아무런 차이가 없다는 뜻이다. 변별이 의미 없는 수준에서 굳이 변별의 기준을 행사한다면 그것은 선발자의 자의적인 권한 행사가 될 수도 있고, 더욱 문제가 되는 것은 잠재적 지원자들에게 비교육적 시그널을 줌으로써 이른바 합격을 위해서는 어떠한 준비가 필요하더라는 기준이 형성될 수밖에 없다. 이를 통한 낭비적이고 소모적인 시험 전쟁이 일어날 것임은 불 보듯 빤한 일이다. 또 낙첨된 학생들은 재수가 없었다고 여기고 바로 잊을 수 있지만 최종적인 경쟁 시험에서의 탈락은 패배감과 좌절을 주기 쉽다. 이것은 반대로 보면 입학생들에게 겸손함 대신 근거 없는 우월감 같은 비교육적 효과를 낳기 쉽다. 이런 점을 종합할 때 필자는 국제 중학교라는 제도를 도입한 것은 잘못된 것이지만 일단 도입한 제도의 부작용을 최소화하기 위한 교육당국의 부분적 추첨제 도입에 적극 찬성하고 싶다.

여기서 우리는 다수의 지원자 중 선발자가 원하는 수의 사람을 뽑는 방법의 몇 가지 기본모형을 생각해볼 수 있다. 첫째는 시험형이다. 이것은 우리에게 가장 익숙하고 추첨제를 비판한 언론들이 '정정당당한 실력겨루기'라고 부르듯이 가장 공정성을 얻을 수 있는 방법이다. 그러나 국제 중학교나 자율형 고등학교의 전형에서는 필기고사와 이에 준하는 교과지식 구술면접이 금지되어 있다. 시험이라고 하면 바로 수능시험과 같은 지필형을 대표로 꼽는다. 동일 조건에서 동일한 문제를 제시해 취득한 점수의 양으로 승부를 겨루는 방식이다. 그러나 이러한 지필형 시험에 의한 전형이란 그 값싼 공정성에 비해 교육적 부작용이 너무 커서 대부분의 선진국에서 그 효과를 가능한 한 제한하고자 하고 있다. 이미 앞에서 우리나라의 교육적 난맥상의 압도적인 원인이 거의 종교적 차원까지 다다른 시험에의 숭배 내지 의존에 기인한다고 설파한 바 있다. 지필형 시험이 일정한 자격시험이 아닌 경쟁시험의 기능을 한다는 것은 그 경쟁이 치열할수록 그 경쟁에 참여하는 전 집단에게 치명적인 내상을 입힌다는 의미다. 더구나 그 대상이 초등학생이나 중학생인데 이는 청소년들에 대한 반인권적 학대 행위가 될 것이며 다른 의미에서 '차마 어른들이 아이에게 할 짓이 아닌' 것이다.

두번째 모형은 임의선발형(또는 계약형)이다. 한마디로 '오야 맘대로'이다. 선발자가 원하는 사람을 아무런 제한 없이 뽑을 수 있는 것이다. 선발자는 미리 어떠한 기준에 의해서 뽑겠다고 알릴 필요도 없고 사후에 이런 기준에 의하였다고 선발의 타당성을 공개할 의무도 없다. 혹시나 전형기준을 밝힌다 해도, '장래 발전 가능성이 있는 자'와 같은 계량 불가능한 기준을 제시한다면 마찬가지다. 이것은 선발자들에게 완전한 재량을 부여함에 따라 선발자들은 창의적인 기준이나 방법을 동원하여 적절한 지원자를 뽑을 수 있으며, 시험형에서 이른바 '시험적합성'이 있는 자밖에 뽑을 수 없는 한계를 넘어설 수 있다. 예컨대 영국의 옥스퍼드 대학의 입학과정을 경험한 한 학부모는 이렇게 말한다. "그들은 시험지로 사람을 고르지 않으며, 면접을 통해서 가능성과 잠재력을 본다. 그 기준은 우리처럼 '객관적'이지도 않고, '변별력'이 강조되지도 않는다. 다만, 면접 교수가 보기에 미래의 재목으로 자랄 '잠재력'이 있어야 한다. 이러다 보니 이들의 예상 뒤집기는 지원생들을 늘 조마조마하게 만든다. 전 과목 'A'를 받고, 전교에서 1등을 하고도 옥스퍼드에 들어가지 못한 학생의 엄마 말에 따르면, 이들은 완전히 '오야 마음'으로 학생을 뽑는다는 것이다."

그러나 이 방법은 선발자들이 최선의 교육적 노력을 경주한다는 데 대한 사회의 압도적인 신뢰가 필요하다. 현재 미국의 유수한 대학들의 선발이 대체로 이러한 모형에 기초하고 있다. 각 대학은 특별한 전형기준을 밝히지 않으며 사후적으로 일정한 통계 기준 정도만 발표할 뿐이다. 일종의 밀실 선발이라고 할 수 있는데, 이에 대한 사회적 신뢰를 유지하기 위하여 각 대학은 이른바 '입학사정관'이라고 하는 다수의 선발 전문가를 고용하고 있다.

세번째 모형은 추첨형이다. 이는 지원할 수 있는 최소한의 자격기준만을 제시하고 지원자 전체에 대해서 무작위추첨을 실시하여 당첨된 자를 선발하는 것이다. 이것은 가장 비용이 적게 드는 방법이기도 하고 또 가장 분쟁이 적은 그래서 어찌 보면 가장 공정하기도 한 방식이다. 이 방법은 교육적 선발을 위한 변별이 의미가 없거나 그 부작용이 클 때, 또는 그 비용이 너무 클 때, 선발자에게 변별의 능력이 없을 때 행하는 전형 방법이다. 이것은 어찌 보면 적극적인 전형이라기보다는 지원자는 많고 선발은 해야 한다는 조건에서 나오는 최후적인 선택지라고 할 수 있다. 지금의 중학교 및 고등학교 평준화는 '뺑뺑이' 이라는 말처럼 일정 거리 내 거주 학생 중 지원을 받아 추첨으로 배정하는 방식이다. 요컨대 추첨제라는 것은 선발이라는 기제에 대한 총체적 부정이라고 할 수 있다. 원하는 자에게는 모두 다 자격을 주는 것이 원칙이요 그것이 물리적으로 불가능한 경우에 모두의 동의를 얻을 수 있는 유일한 방법으로서 지원자들의 운에 맡기는 것이다. 전통적으로 유럽의 대학들의 학생 선발에는 이러한 사고가 어느 정도 밑받침되어 있으며 근래에 우리나라의 극단적인 교육 현실에 대한 반발로 이러한 방식을 채택할 것을 제안하는 의견도 있다.

그러나 현실에 위와 같은 순수 모형이 적용되기는 힘들며 순수 모형들의 적절한 절충이 이루어지게 된다. 위의 국제중 선발은 위의 임의선발형과 추첨형이 결합된 방식이다. 일정 배수까지는 서류와 면접으로 적격성을 판단하겠지만 그 이상의 변별은 교육적으로 무의미하거나 부작용으로 인해 변별을 포기하고 운에 맡기겠다는 것이다. 이것도 충분히 가능한 교육적 선택이다. 이와 조금 다른 조합으로는 시험형과 추첨형의 조합도 있을 수 있다. 예컨대 1차 시험에서 필기시험으로 3배수를 뽑고 추첨을 한다든가, 또는 대학이 수능시험과 내신 성적으로 3배수를 뽑고 그들 중에 추첨을 실시하는 것이다. 이것이 주는 메시지는 시험의 변별력은 정원의 3배수 반경까지만 그 의미가 있다는 것이고 이 반경 안으로 들어오면 아무런 교육적 의미를 갖지 못한다는 것이다. 무의미한 변별을 지속하여 부작용을 낳는 것보다는 있는 그대로 변별력의 한계를 선언하는 것이 교육 기관으로서 정직함을 표현하는 것이라 할 수 있다. 이것은 선발 기관의 권위를 훼손하기보다는 오히려 그 반대로 작용할 수 있다.

그렇다면 현재 우리의 대학입학 전형에서 과연 바람직한 모형은 무엇일까? 지금까지의 흐름은 시험형으로의 회귀를 원하는 유수한 대학들과 이것을 최대한 저지하려는 교육 당국 간의 줄다리기라고 할 수 있다. 지금 주도권은 대학 쪽으로 넘어간 느낌이다. 시험형의 폐해를 조금이나마 완화해보려는 취지에서 마련된 수능등급제도 1년 만에 다시 변별력이라는 신화에 묻혀 점수제로 환원했고, 지식측정형 면접고사를 금지한 방침도 몇 해 전부터 사실상 본고사의 부활과 다름없는 문제풀이로 전락해버렸다. 그렇다고 현 시점에서 바로 계약형으로 갈 수 있는가도 단순한 문제가 아니다. 교육부는 입학사정관제 정착지원을 통해 이 제도의 정착을 큰 방향으로 삼고 있지만 선발의 '공정성'과 '객관성'을 절대가치로 여기는 사회적 인식의 벽을 넘기에는 아직 갈 길이 멀다. 더구나 2009년 고려대의 입시 파동에서 볼 수 있듯이 대학의 전형과정이 공정성의 신뢰마저 받지 못하고 있는 상황이다. 이러한 시점에서 대학의 완전한 재량에 따른 임의선발을 우리 사회가 과연 수용할 수 있을지 의문이다. 무엇보다 대학들이 임의선발에 따르는 교육적 책무를 다할 수 있을 지 신뢰하기 어렵다. 벌써부터 유수대학들의 입학사정관 전형이 특목고생 우대의 방패막이로 쓰이고 있다는 비판이 나오고 있지 않은가.

근본적으로는 지원자와 선발자 당사자 간의 계약에 그치는 임의선발형 내지 계약형으로 가야한다고 생각하지만, 현재는 과도기인만큼 여러 가지를 다양한 조합형으로 사용해보는 것이 어떨까 한다. 가능한 한 시험형의 비중과 의미를 줄이고 계약형과 추첨형을 가미해보는 것이다. 하나의 예를 들어 어느 대학이 1,000명의 학생을 뽑는다면, 그 중 50%는 교과 성적으로 뽑을 수 있다. 이 경우 교과 성적의 변별력에 한계를 두기 위해 3배수를 뽑은 후에 그 중 추첨으로 뽑는 것이다. 나머지 50%는 비교과적 성취를 가지고 대학 고유의 기준이나 철학에 의해 임의로 선발할 수 있다. 이런 선발 방식을 위해서는 이를 위해 도입된 입학사정관의 노력이 중요하고 자질이 있는 분들을 위촉해 권한과 책임을 부여하는 것이 중요하다. 그러고 보면 문제가 된 국제 중학교처럼 계약형으로 3배수를 선발하고 추첨으로 행한 것은 어울리지 않는 조합이다. 계약형과 추첨형은 서로 조합되기에 적절치 않다. 일단 임의선발을 시작했다면 끝까지 책임과 자신을 갖고 선발을 마치는 것이 옳은 듯하다. 그럴 자신이 없다면 아예 처음부터 성적순으로 3배수 또는 경쟁이 우려된다면 더 물타기를 해 다배수를 뽑은 후에 추첨하는 것이 좋을 뻔 했다.

추첨제는 부분적인 가미라고 하더라도 대부분 신문의 논조에서 보듯이 거부감이 있는 것이 사실이다. 그러나 이 기회에 이것이 갖는 교육적인 메시지를 널리 알리는 계기가 되었으면 한다. 그것은 선발자의 겸손과 양식과 교육자적 고민이다. 선발이란 무슨 권한을 행사하는 것이 아니다. 저마다의 가능성을 가진 다수의 인재들 중에서 선발교육기관이 가장 잘 도움을 줄 수 있겠다고 판단되는 지원자를 고르는 것뿐이다. 몇 가지의 피상적인 자료나 면접 등으로 가부를 판단하기에는 선발이란 너무나 어렵고 선발자에게 과중한 부담을 지우는 문제이며, 이 짐을 사회가 나누어 질 필요가 있다는 것이다. 즉 선발자는 교육적 변별이 의미 있는 한계점이 어디인가를 고민하고 그것을 정직하게 사회와 공유해야 한다. 필자는 이 지점에 추첨제를 가미하는 의미가 있다고 생각한다. 선발

방식에 대한 고민을 통해 선발된 자와 그렇지 않은 자 모두 자만이나 상처라는 병에 걸리지 않고, 선발의 한계와 인간의 가능성의 무한함을 확인하는 기회를 가질 수 있다. 수능점수 소수점 이하까지 따져서 공정하게(?) 선발하는 지금의 그 살벌한 과정에서 우리는 과연 어떠한 교육적 의미와 효과를 기대할 수 있단 말인가?

대학이여,
시험을 버려라

매년 대학 입학철마다 '3불 정책'이니 내신의 실질 반영비율이니 등을 놓고 교육부와 서울대를 비롯한 주요 대학 간의 힘겨루기가 계속 되고 있다. 과거 교육부의 말 한마디면 따르는 시늉이라도 했던 대학들이 이제는 교육부의 고강도 엄포에도 까딱하지 않고 있다. 가히 학벌권력과 국가권력의 일대 회전(會戰)이 벌어지는 듯하다. 적지 않은 재정 지원과의 연계를 채찍과 당근으로 삼아 체면을 세워보려는 교육부의 몸부림이 다소 안쓰러워 보일 정도다.

갈등의 표면적인 주제는 학생 선발권을 둘러싼 대학의 자율과 그 한계다. 대학이 가르칠 학생들을 어떠한 기준과 방식으로 뽑는가는 전적으로 대학이 결정할 일이고 이것은 대학자율의 양보할 수 없는 일부라는 대학 측의 주장은 명쾌하다. 기업이 자기 회사에 가장 도움이 될 사원을 고심해서 뽑듯이 대학들이 보다 우수한 학생을 선발하려 하는 것은 당연한 욕구처럼 보인다.

사실 한국 사회의 대학은 헌법에 보장된 '대학의 자율성'이란 말이 무색할 정도로 지나치게 관치의 영역에 있었다고 해도 과언이 아니다. 오죽하면 우리나라에는 국가가 운영하는 하나의 대학이 있을 뿐이고 국립대는 직영점, 사립대는 대리점에 불과하다는 이야기가 나오겠는가. 사립대학들마저도 각종 법령의 규제에 묶여있어 자율적이고 창의적인 발전 역량을 발휘할 수 없고, 이것이 경쟁력 약화와 대학 부패로 이어지기도 한다. 글로벌 시대에 대학 교육을 국가가 관리하던 것에서 시민 사회의 영역으로 넘기고 글로벌 경쟁체제로 편입시키는 것은 불가피한 선택이다.

문제는 대학들이 요구하는 대학 자율의 수준이다. 학생 선발의 자율이란 것이 고작 입학지원자들을 수능시험 점수라는 보다 객관적인 성적순에 따라 뽑게 해달라는 것이다. 이것은 최고 지성인 대학이 점수와 성적이라는 매우 제한된 지표에 대한 물신숭배에서 벗어나지 못하고 있음을 드러낸다는 점에서, 그리고 이러한 객관적인 점수 선발이라는 기제(mechanism)를 통해 또 근래에는 특목고 출신들의 싹쓸이를 통해 종래의 대학서열구조에서의 기득권을 유지해보고자 한다는 점에서 비교육적이고 반지성적이며 권력지향적인 그들의 속성을 잘 드러내고 있다.

한 언론의 사설은 이렇게 주장하고 있다. "정말로 교육부는 이쯤에서 대학 입시에서 손을 완전히 떼야 한다. 세계적 명문 대학 중에서 대학이 뽑고 싶은 학생을 대학이 원하는 방식으로 선발하지 못하는 대학이 한 군데라도 있다면 그 이름을 대보라." 이에 대해 필자는 이렇게 반문하고 싶다. "세계적 명문대학 중에서 지원자들에게 동일한 시험을 부과하여 그 성적순으로 뽑는 대학이 단 한 군데라도 있는가." 서울대 측은 논술형 시험이 단순한 지식 위주의 지필고사가 아니라 창의력 등을 테스트하는 통합교과적인 시험이라고 변명하고 있다. 그러나 더 중요한 문제는 시험의 방식이나 내용이 아니라 선발을 위해 대학이 지원자에게 시험을 부과한다는 사실이다. 시험의 부과는 필연적으로 그것을 대비하기 위한 입시상품을 만들어낼 것이고 이것은 사교육 시장의 확대를 의미할 뿐이다. 선발시험의 부과는 대학이 중등교육의 독자성을 인정하지 않고 중등교육 및 지원자와 학부모들에게 일종의 권력을 행사하겠다는 권위주의의 표현이다. 시험은 그 성격상 응시생들을 시험대비라는 공포와 압박감에 시달리게 하고 획일화된 기준을 강요하는 일종의 폭력이라고까지 할 수 있다. 만일 미국의 하버드대학이 필기시험을 쳐서 그 성적순으로 학생을 뽑는다면 미국 전역은 하버드 준비반 학원으로 넘칠 것이다. 우리는 이들이 왜 손쉽고 권위도 행사할 수 있는 이런 방식을 택하지 않고, 전문가인 입학사정관들이 수많은 지원자들의 두툼한 서류를 1년 내내 읽고 토론하고 고민하는지를 이해해야 한다.

사실 선발 과정에서 객관성과 공정성을 주장할수록 그들이 내세우는 선발의 자율은 제한되는 모순에 봉착한다. 모든 선발 과정은 컴퓨터가 소수점 이하까지 정확히 처리해주며 입학사정이란 컴퓨터에서 출력한 명부에 합격선을 긋는 것에 불과하다. 외국의 유수한 대학들이 지원자들의 두툼한 지원 서류를 읽고 그들의 삶의 모습을 읽어내고자 하는 교육적 고민을 이들은 알지 못한다. 우리 대학들에 지원자들이란 점수 레테르를 붙인 상품일 뿐이고 대학의 커트라인을 높여줄 도구에 불과한 것이다.

대학의 자율이란 대학의 핵심적 가치다. 그리고 이것은 학생 선발의 자율도 포함한다. 그러나 이러한 자율을 누리기 위해서는 대학부터가 일정한 교육적 수준에 다다라야 한다. 학생 선발을 어떤 가치를 가지고 어떻게 교육적으로 하는가는 그 대학의 교육적 수준을 보여주는 바로미터다. 점수와 성적에 의존한 선발은 일종의 마약과 같다. 이것에 기대면 기댈수록 지원자들의 잠재력과 다양성을 평가할 수 있는 대학의 교육적 안목은 퇴화하게 된다. 동시에 모든 지원자들을 시험 준비라는 질곡 속으로 몰아넣고 '시험적합성'에 자신을 길들이도록 강요하게 된다.

결국 문제의 본질은 수능 중시냐 내신 중시냐 하는 지엽적인 데 있지 않다. 문제는 대학과 사회가 어떠한 인재관을 갖는가이다. 지금처럼 점수와 성적에 함몰된 편협하고 후진적인 인재관, 기계적이고 도구적인 인간관을 가지고는 글로벌 시대의 낙오자가 될 수밖에 없다. 이미 특급의 인재들은 외국으로 빠져나가고 우리 대학은 앉은 자리에서 이류로 전락해가고 있지 않은가. 더 늦기 전에 우리 대학들도 '입시(入試)'없는 입학에 대해 치열하게 고민해야 할 것이다.

이러한 점에서 미국의 명문 대학의 입학사정관을 오래 지낸 한 교포가 국내 월간지에 소개한 미국 명문대의 입학사정 기준에 관한 글은 감동적이기까지 하다. "미국 대학은 단순히 똑똑한 사람보다는 뛰어난 사람을 원한다. 지능은 큰 그림의 한 조각일 뿐이다. ……대체로 미국 대학이 입학 심사를 통해 학생들에게 주고자 하는 메시지는 공부는 시험이 목적이 아니라 배우는 것이 목적이며, 어떤 분야에서 무엇을 하든 열정을 가지고 뛰어난 기량을 발휘할 수 있도록 노력해야 한다는 것이다. 또한 목적의식이 뚜렷하고 깊이 있는 사람이 되기를 권장하며, 총체적인 관점에서 뛰어난 사람이 될 것을 원한다."

우리 대학들이 글로벌 차원에서 경쟁력을 가지려면 우선 학생 선발의 철학과 방식부터 글로벌 기준에 접근해야 한다. 그 핵심은 지원자 개개인의 삶의 방식을 있는 그대로 존중해주는 일이다. 이제 주요 대학들 간에 진정한 교육적 선발의 방식을 놓고 고민하며 경쟁해야 한다. 선발 과정에서부터 학생들에게 세심하게 교육적으로 배려하지 않는 대학이 어떻게 선발 이후에 책임의식을 갖고 교육하기를 바랄 수 있겠는가. 우리 대학들은 한편으로는 교육적 선발을 통해 사회의 신뢰를 쌓아가면서 대학들에 더 넓은 선발의 재량권을 달라고 사회를 설득시켜 나가야 한다. 그렇지 않고 우리 대학들이 저마다 대학별 본고사를 실시하면서 어깨에 힘이나 주려고 한다면 그것은 공멸하는 길이다. 이미 대학 교육은 세계를 향해 열려 있지 않은가.

대학에 시험을 버리라는 권고는 신입생의 선발 시험에만 국한한 것이 아니다. 대학 교육이 보편화 교육이 된 시점에서 종래의 강의와 시험에 의한 평가라는 교육방식도 바뀌어야 한다. 수요자의 수준이 어떠하던 간에 그들에게 만족과 성취감을 주는 교육이 되어야한다. 오늘날 대학 강의실이 졸음에 취해 꾸벅거리는 학생들로 만원인 것은 졸업 후의 취업 걱정으로 대학 교육에 대한 의욕을 상실했기 때문이기도 하지만, 또 한편으로는 시험을 중심에 둔 교육방식이 아무런 성취동기를 끌어내지 못하기 때문은 아닐까. 마침 이 문제에 대해 천착해온 한 원로 교육철학자의 칼럼 일부를 인용해본다.

"잦은 결석, 과제물의 불이행, 엎어져 자는 일–이런 한심한 일이 지금 대학 교실에서 전염병처럼 퍼지고 있는 이유가 뭐겠는가. 지금까지 정답을 외우고 대는 피동적인 공부에 시달려 온 학생들이 공부 자체에 흥미를 잃게 되었다는 증거가 아니겠는가. ……정답을 가르치고 외우게 하여 인위적으로 열등생을 양산하던 엘리트주의 교수법과 평가법은 이제 과감히 버려야 한다. ……이제는 학생이 저마다 자기의 필요에 따라 문제를 추구하고 자기 나름의 답을 만들어내게 가르치고 평가하는 길을 찾아야 한다. 이제까지는 시험에 실패하여 '공부 못하는 자'였더라도 대학에서 '똑똑하고 유능한 자'로 변신하여 사회에 진출하도록 지도하는 길은 그때 비로소 보일 것이다."

(김기수, '대학, 시험을 버려라', 〈서울신문〉 2010.2.24.)

제 3 부 국가학벌의 타파

개 관

우리 교육 현실에서 최고의 결말은 '시험에서 좋은 성적을 얻어서 서울대에 입학'하는 것이라고 말할 것이다. 시험이 과정이라면 그 결과는 이른바 좋은 대학에 진학해서 학벌 카스트의 상위 신분을 얻는 것이라고 할 수 있다. 그렇다면 더 근본적인 문제는 이러한 학벌 카스트는 어떻게 이루어진 것이며 어떻게 개혁되어야 하는가이다. 이른바 대학서열화의 문제다.

필자는 대학서열화를 이해하고 풀어가는 키워드로서 '국가학벌'이란 개념을 사용했다. 국가학벌이란 국립대학과 그 출신들이 국가권력을 등에 업고 이를 사유화하여 하나의 이익집단이 된 것을 말한다. 이 국가학벌을 대표하는 것이 바로 국립 서울대학교다. 이 출발점을 설명하기 위해 제 3부를 서울대와 김일성대를 비교하는 것으로 시작했다. 그리고 흔히 명문대니 'SKY'대라는 명칭은 적절한 것이 아니며 서울대라는 국가학벌의 독점을 오히려 희석시키게 된다는 점도 지적하고자 했다.

서울대 문제가 일본 제국주의의 관학주의 전통의 연장에 있다는 것을 역사적 관점에서 분석했고, 오늘날 우리의 헌법적 질서에 비추어 볼 때도 많은 문제점을 갖고 있다는 점을 지적했다. 나아가 서울대 문제를 넘어 국립대와 사립대의 이원적 체제 및 이를 떠받치는 교육의 국가주의라는 것이 대학서열화 문제의 본질임을 설파했다. 그리하여 우리 대학 체제가 국가학벌의 독점체제에서 공정경쟁이 이루어지는 장으로 바뀌어야 중등교육의 정상화도 이루어질 수 있음을 논증하였다. 나아가 우리 사회가 하루 빨리 교육 전체주의 또는 교육 파시즘에서 벗어나 민간의 자율과 창의가 넘치는 교육의 장을 마련해야 함을 역설하고자 했다. 대학들이 저마다의 개성과 철학을 갖고 더 나은 교육을 위해 선의의 경쟁을 하는 모습을 그려보는 것이다. 그러나 오히려 서울대 법인화라는 이름으로 서울대의 귀족화가 강화되고 있는 현실을 지적하였다.

국가학벌 : 서울대와 김일성대의 공통점

필자는 그간 우리나라의 교육 문제의 핵심에 서울대가 있다는 점, 서울대의 위상을 재정립하지 않고는 어떠한 교육개혁 시도도 성공하기 힘들다는 점을 논증해왔다. 그러나 이러한 시도는 그리 성공하지 못한 것처럼 보인다.

그 첫번째 이유로 우리 사회에서 서울대라는 고유명사가 너무 신화화되어 있다는 것을 들 수 있다. 2010년 방영되어 큰 인기를 얻은 〈공부의 신〉이라는 드라마에서 '천하대'라는 이름으로 비유가 되기도 하듯이, 서울대라는 명사는 교육에서 모든 가치를 빨아들이는 블랙홀과 같다. 마치 올림픽에서 금메달이 모든 가치를 빨아들이는 것처럼 말이다. 서울대라는 이름은 우리 사회에서 범접하기 힘든 절대적 권위마저 갖고 있는 것처럼 여겨진다. 따라서 서울대 문제를 합리적으로 거론해보려는 시도들은 처음부터 그리 동력을 얻지 못하고 비주류의 투덜거림 정도로 치부되는 것이 현실이다.

둘째는 서울대를 기반으로 한 이른바 서울대 출신이 한국 사회의 전방위에서 압도적인 지배세력이 되어 있어 이러한 문제의 공론화를 꺼려한다는 점이다. 서울대 출신은 비유하자면 한국판 '노멘클라투라(구소련에서의 지배계급)'라고 할 수 있을 것이다. 이들에 의해 서울대라는 주제어에 대한 문제제기는 마치 가난한 자들이 강남 사는 부자들을 향해 증오를 품는 것처럼, 이 사회의 실패자들이 능력 있는 자들을 향해 딴죽을 거는 정도로 치부된다. 한걸음 더 나아가 경쟁력 있는 쪽을 더 밀어줘야 한다며 서울대가 세계무대에서도 통할 수 있도록 더 지원해야 한다는 식의 글들을 특히 보수언론에서 심심찮게 발견할 수 있다.

셋째로 서울대라는 주제에 대한 문제제기가 구조적인 것으로 받아들여지지 못하고 서울 관악구 신림동에 위치한 '서울대'라는 하나의 대학 즉 서울대라는 고유명사에 대한 문제제기로 받아들여진다는 것이다. 이것은 문제의 제기를 비서울대 출신들의 '서울대 때리기' 정도로 폄하하는 빌미를 제공한다.

그래서 필자는 학벌 타파 운동을 해오면서 언제부턴가 서울대라는 표현보다는 국가학벌이라는 용어를 즐겨 사용해왔다. 국가학벌이란 국가를 등에 업은 국립대학과 그 출신들이 국가의 권위와 자원을 사유화하여 일종의 이익집단화한 것을 가리킨다. 우리 사회에서 서울대는 하나의 대학이 아니라 국가기관의 일부로서 '국립중앙종합대학'이라고 할 수 있다. 국가가 세웠고 세금을 갖다 쓰는 이 대학이 나름의 고유한 공적인 역할을 하는 것이 아니라, 민간이 세운 사립대학들과 경쟁하면서 국가권력에 힘입어 결정적 우위를 점하는 학벌 집단이 된 것이다. 그리고 이 학벌 집단을 정점으로 하여 자연스레 일렬종대의 학벌서열체제가 형성된 것이다. 이런 점에서 우리의 대학서열화 내지 학벌체제의 시작이자 중심에 서울대라는 국가학벌이 있다고 지적하는 것이다.

이 점을 보다 쉽게 설명하기 위하여 서울대를 북한의 김일성종합대학(이하 김일성대)과 비교해서 그 쟁점을 드러내는 것은 어떨까 하는 생각에 이르게 되었다. 필자는 2003년 가을에 평양을 방문할 기회를 가졌다. 그리고 평양 시내 요지인 대성구역에 자리 잡은 김일성대를 방문했다. 물론 안내원이 이끄는 동선에 따라 '김일성 수령께서 주체 OO년에 방문한 교실'이니 김정일 위원장이 공부한 교실이니 하는 곳을 다니며 우상화 교육을 받으며 하품만 하던 기억이 난다. 김일성대의 법학부를 방문하여 우리나라 법전을 전달하겠다는 원래의 계획은 불가능한 것이었다.

김일성대는 북한의 국립대학이고, 1946년 10월 1일에 김일성 주석을 기념하여 개교했다. '김일성 주석의 혁명사상과 근대 과학이론을 체득한 민족간부의 양성'을 설립 목적으로 한다. 북한 정부가 시행한 대학 입학 자격시험의 수석들이 주로 김일성대에 입학하고 있으며, 졸업생들은 북한의 정 · 관계에 대거 포진되어 활동하고 있다고 한다. 북한 내각 부장급 이상 1/2, 부부장급 이상 1/3이 김일성대 출신이라고 할 만큼 김일성대는 북한의 지도급 인물을 배출하고 있다. 북한의 권력 엘리트

100위 이내의 인물 중에서 만경대혁명학원 출신은 25명, 김일성대 출신자는 김정일을 비롯하여 34명에 이르고 있다. 김정일이 1964년 정치경제학부를 졸업하였으며, 그의 동생들과 김일성의 처 김성애까지 김일성대 영어영문학과 졸업생이라고 한다.

재미있는 것은 1946년에 미군정이 이른바 '국대안' 파동을 불러 일으켰던 국립종합대학계획을 급히 발표하게 만든 하나의 외부적인 요인이 북한의 국립 종합대학 설립 움직임이었다는 것이다. 북한 임시 인민위원회 교육부에서 1946년 9월 개교를 목표로 평양에 종합대학을 설립할 구체적 대책을 세우고자 본격적 업무에 착수하였다는 보도가 7월 18일에 있었는데, 이때는 문교부에서 국대안을 심의 중일 때였다. 북한의 종합대학 설립계획을 알게 된 미군정은 북한의 종합대학 창설 사무소 설치에 앞서 그 이틀 전에 국대안을 서둘러 발표했다고 추측된다.

이처럼 북한의 김일성대와 한국의 서울대는 그 탄생부터 서로에게 빚을 진 쌍생아이고 그 담당하는 이념적 · 실제적 기능도 정확한 대응구조를 이루고 있다. 김일성대는 북한정권이 자체 엘리트의 양성을 위해 세운 국립대학이고 그 출신들이 사실상 북한 정권을 운영해가고 있다고 해도 과언이 아니다. 김일성대는 하나의 대학이라기보다는 북한정권의 기구 중 하나라고 할 수 있다. 서울대 역시 대한민국의 국립중앙대학이며 그 사고는 국가엘리트를 자체 양성한다는 이념에 기초하고 있다. 서울대 출신들의 엘리트 시장 독점비율은 오히려 김일성대보다 더 압도적이며 이는 엘리트의 상층부로 갈수록 더 극심하다. 오죽하면 한때는 국무위원의 80% 이상이 서울대 출신으로 채워지자 연세대 총장이 우리 출신도 하나 정도는 들어가야 하는 것 아니냐며 볼멘소리를 했다는 가십기사를 읽은 기억이 난다.

과거 학벌 타파를 외치던 참여정부에서도 서울대 출신의 비율은 감소하지 않았다. 초기 인사에서 청와대의 장 · 차관급 비서진 12명 중 국방보좌관과 민정수석 외에 10명이 서울대 출신이었고, 국무위원도 21명 중 13명(61.9%)이 서울대 출신이었다. 참여정부에서는 오로지 적재적소의 원칙만을 생각했다고 변명하였는데, 문제는 이처럼 인재가 서울대 출신으로 채워질 수밖에 없는 근본 구조다. 서울대 출신들의 엘리트 시장 독식은 서울대 출신 개개인의 능력이라기보다는, 서울대가 수십 년간 매머드 '국립중앙' 대학으로서 국가 엘리트를 거의 독점적으로 공급해온 누적된 결과다. 즉 국가가 국가를 이끌어갈 엘리트의 교육과 양성을 민간에게 맡기지 않고 일종의 후계자 그룹 양성의 정신에 따라 최고 권위의 국립대학을 직영해온 것이다. 그리고 이들 출신에게는 더 많은 경험의 기회가 주어지고, 선배가 후배를 추천하고 끌어주는 네트워크의 힘을 덧입어, 이제는 공정한 것 같은 인선의 결과가 서울대 출신의 독식으로 나타날 수밖에 없는 지경에 이른 것이다.

이러한 서울대 출신의 독식은 여러 심각한 사회적 폐해를 드러내고 있다. 서울대 출신이라는 국가학벌의 위세와 이에 대항하는 다수 민간 학벌의 대립구도로 파벌 사회가 강화되고 있다는 것이 그 하나다. 이로 인해 공공사무의 집행이 시스템이 아니라 학교 선·후배 등의 '문중의식'에 지배되어 왜곡되는 현상이 나타날 가능성이 높다. 또한 사회구성원들에게는 서울대 출신만이 이 나라에서 성공할 수 있다는 믿음을 공고히 다져 서울대 입학을 향한 학벌지상주의와 비서울대 출신의 소외감을 불러일으키고 있다. 이는 예컨대 조선 후기 압도적 우위를 점하던 붕당인 노론이 하나의 감추어진 권력이 되면서 왕과 조정을 중심으로 이루어지는 공식적 권력의 배후에서 이를 무력화시킴으로써 조선 사회가 끝내 파당적 사회에서 벗어나지 못하게 된 것과 견줄 수 있다. 이미 교육 분야에서 교육부라는 공식적 국가기구는 서울대라는 학벌의 눈치를 보느라 소신 있는 정책집행도 어려움에 빠지는 경우가 많고, 서울대 관계자의 발언은 교육부의 발언보다 더 비중 있게 언론에서 다루어지고 있다.

요컨대 국가가 관리 양성을 위해 대학을 설립·운영해온 일본식 관학주의 전통의 연장에 있는 국립 서울대의 근본적인 체질을 개선하는 것이 무엇보다 긴요하다. 국가 운영의 핵심에 참여할 인재가 폭넓고 다양하게 민간에서 육성되는 것이야말로 국가주의적 사회에서 진정한 시민 사회로 옮아가는 핵심적 지표라고 할 수 있다. 지금과 같은 서울대 출신의 공직 독식은 '학벌 일당독재'라는 혹평을 받기에 충분하다. 이제는 구조적 변환이 필요하다. 그 방향은 한마디로 국가 엘리트의 '문민화(文民化)'라고 이름붙일 수 있겠다. 국가의 핵심 인재가 국립대학이라는 너울을 쓴 국가 체제 내부에서 압도적으로 배출되는 시스템은 비효율적일 뿐만 아니라 매우 위험하기까지 하다. 김일성대와 정확한 대응구조에 있는 서울대의 존재야말로 적어도 교육의 영역에서 우리가 북한에 못지 않은 전체주의, 파시즘의 단계에 머물러 있다는 반증이다.

언젠가 필자는 시민운동에도 열심히 관여하고 대표적인 진보인사로 분류되는 서울대의 한 교수가 가진 인터뷰를 보고 쓴 웃음을 지었다. 자신은 항상 국립 서울대 교수라는 직분이 조선 시대의 홍문관 교리와 같은 역할을 해야 한다는 사명감을 갖고 있다는 것이다. 서울대 총장은 그러면 대제학이 되겠구나. 아뿔싸! 우리의 교육에 대한 관념은 아직 왕조시대에 머물러 있다는 것을 몰랐다.

'SKY' 독점이 아니라 서울대 독점이다

필자의 전공이 법학이니 법조계의 최근 기사를 소개하는 것으로 글을 시작해 보겠다. 이른바 법조계의 학벌주의는 그 어느 분야보다도 악명(?)이 높다.

[기사 하나] 민일영 청주지법원장이 대법관 후보로 임명 제청됨에 따라 이명박 정부 들어 임명됐거나 임명 절차에 들어간 대법관 4명이 모두 '서울대 법대 출신의 보수 성향 남성'으로 채워지게 됐다. ……대법원 구성이 획일화되고 있다는 비판에 대해서는 반론도 있다. 전체 판사의 절반 이상이 서울대 출신이고, 이들의 법관 임용 성적 등도 타 대학 출신자들보다 상대적으로 좋아 대법관 후보군에 더 많이 포함될 수밖에 없다는 것이다. 그러나 대법원장과 대법관 14명 중 비서울대 출신자가

1명뿐이라는 점은 지나친 편중이라는 지적을 피하기 어렵다. ……서울 지역의 한 부장판사는 "다양한 출신의 대법관 후보들이 있는데도 연이어 특정 학교 출신만을 뽑아 엘리트주의를 조장하거나 학연에 따른 인사를 한다는 비난을 자초하고 있다"고 지적했다. 한 고위직 판사는 "10명 중 9명이 서울대 출신인 대법관 제청 자문위원회의 구성부터 문제가 있다"고 말했다. (《한겨레》 2009. 8. 26.)

[기사 둘] 올해 국내 주요 로펌들이 영입한 신규변호사들 가운데 서울대 출신 비중이 무려 70%에 육박한 것으로 나타났다. 6대 대형 로펌의 금년도 사법연수원 35기 및 38기 출신의 신규변호사 영입현황을 보면 법무법인 태평양이 30명으로 가장 많았고 광장 26명, 김앤장 법률사무소 23명, 세종·율촌 21명, 화우 19명 등 총 140명을 영입한 것으로 집계됐다. 김앤장의 경우 연수원 35기 출신 13명은 모두 서울대 출신으로만 선발한 것이 눈에 띄는 대목이다. 이들 신규 변호사 140명의 출신 대학을 보면 서울대가 무려 94명으로 67%를 차지하고 있다. 그 다음이 고려대 19명, 연세대 11명, 한양대 6명, 경찰대 2명 등이다.

(《법률신문》 2009. 7. 20.)

위의 기사들은 막연히만 거론되는 법조계의 학벌주의의 실상을 잘 말해주고 있다. 한 나라의 대법관 회의가 대학 동문회와 다름없으며 우리나라의 최고의 로펌이라는 곳은 서울대 출신이 아니면 아예 문을 열지 않는다. 요즘 같은 취업난을 생각하면 서울대에서는 이런 곳에 감사장을 수여해야 할 듯하다.

학벌주의란 매우 다양한 의미로 쓰이고 있지만 그 중 엘리트 시장을 몇몇 대학 출신이 독과점하는 현상에 초점을 맞춘다면 우리나라의 학벌주의는 그 정도가 매우 심하고 그만큼 폐해도 크다. 영국에서도 이른바 '옥스브리지(옥스퍼드와 케임브리지대학)'의 독점이 논의되고, 미국에서도 아이비리그 출신을 따지며, 일본도 도쿄대 출신 우대 등이 문제되기도 하지만 우리나라와는 가히 비교가 되지 않는다. 오죽하면 참여정부에서는 학벌주의 타파를 위한 범정부적 기구까지 가동된 적이 있으며 정부종합청사의 전광판에는 '학벌주의 헌 옷 벗고 능력주의 새 옷 입자'라는 식의 구호가 흐르기까지 했다.

그런데 위의 기사들은 특히 법조계의 학벌주의가 가장 극단적이고 일극 중심주의의 모습을 보이고 있음을 말해준다. 즉 법조계의 학벌 독점이란 곧 서울대 독점이라고 해도 과언이 아니다. 물론 이것은 법조계의 관문을 통과하려면 치열한 경쟁 시험을 치러야하고 서울대 출신들이 대체적으로 시험적합성이 더 높은 집단이라는 것에 일차적으로 기인하지만, 일단 다수를 점유한 집단이 되면 그 집단 내에서 헤게모니를 쥐게 되고 소수집단을 배척하거나 구축(驅逐)하는 이른바 '구축효과'가 나타나 위와 같은 압도적인 독점현상이 나타난다고 분석할 수 있다.

이러한 현상은 물론 법조계에 한한 것은 아니다. 조금 더 범위를 넓혀 엘리트 시장 일반에 관해 살펴보아도 피라미드의 상층부로 갈수록 일극

독점은 더 심화되고 있다. 이와 관련하여 필자는 먼저 우리나라의 학벌 독점을 얘기할 때 'SKY' 독점 운운 하는 것은 정확한 명명이 아니라는 것을 지적하고자 한다. 다음의 한 기사를 보자.

"중앙부처의 3급 이상 고위공무원 중에서 서울대와 연세대, 고려대 등 이른바 'SKY대학' 출신의 편중 현상이 심화되고 있는 것으로 나타났다. 국회 행정안전위 이은재(한나라당) 의원이 27일 행정안전부로부터 받은 '3급 이상 고위공무원 출신 대학.고교 현황' 에 따르면 3개 대학 고위공무원 비중은 2006년 36.5%, 1007년 39.4%, 2008년 41.6%, 올해 42.9%로 해마다 증가하고 있다. 올해의 경우 고위공무원 1천510명 중에서 서울대가 421명, 고려대 122명, 연세대 105명으로 3개 대학 출신이 648명에 달했다. 이어 성균관대 88명……."

('고위공무원, SKY대 출신 편중 심화', 〈연합뉴스〉 2009. 9. 27.)

이 기사에서 'SKY대 출신 편중'이라는 제목을 보면 이들 세 개 대학 출신의 점유율이 높다는 뜻으로 해석되지만, 자세히 보면 서울대 출신은 고려대나 연세대 출신의 약 네 배 정도의 점유율을 보이고 있다. 우리가 A, B, C 3사가 4:1:1의 비율로 시장을 분할하고 있을 때 이를 A, B, C 3개사가 시장을 독과점하고 있다고 말하는 것은 사실을 왜곡하는 것이다. A사의 독점이라고 말해야 옳다. 위 기사에서 보듯이 4위 대학과 3위 대학 사이의 숫자 차이는 미세하다.

요컨대 우리나라의 학벌독점의 특징은 최고법원이나 최고의 로펌이 서울대 동문회를 이룰 정도로 국립서울대학교라는 학벌의 압도적인 일극독점에 있다고 할 수 있다. 유수한 사립대학들 간의 차이는 서울대와의 격차에 비하면 거의 무시할 만한 수준이라고 할 수 있다. 이러한 현실에 비추어 'SKY'라는 용어가 고착되는 것은 여러 면에서 혼선을 불러일으킨다. 일반인에게는 국립인 서울대와 사립인 연 · 고대가 어울려서 엘리트 시장에서 독과점적 위치를 차지한다는 잘못된 인식을 갖게 하여 국가학벌의 독점이라는 문제의 본질을 흐리게 할 수 있다. 또 엇비슷한 다수의 유수한 사립대 간의 경쟁에서 K와 Y에게 부당한 이익을 주어서 경쟁의 촉진을 방해할 수도 있기 때문이다. 이런 점에서 언젠가 성균관대 총장이 'SKY'라는 말은 없어져야 한다며 불편한 심기를 표한 것도 이해가 가는 일이다.

유수 사립대의 기회주의

참여정부 시절 이른바 '명문대 쿼터제'가 논란이 된 적이 있다. 당시 '학벌주의 극복 합동기획단'이라는 범정부기구에 제출된 한 연구보고서를 보면 "학력차별 시정정책의 일환으로 대학교원 신규 채용 시 특정 대학 출신을 3분의 2 이상 뽑지 못하도록 규정한 교수 쿼터제와 유사하게 특정 대학 출신 비율을 법령으로 제한하는 제도를 정부 부처와 공기업의 직원 채용에 도입할 필요가 있다"고 하고 있다. 이러한 대학별 할당제를 점차 민간 기업으로까지 확대하는 방안을 검토하고 있다고도 하였다.

이러한 발상의 무지막지함에 대한 비판은 당시 중앙대의 김영봉 교수가 한 일간지에 신랄하게 토해냈다. "필자는 신입생 새내기들에게 말해왔다. '여러분은 간발의 차이로 스카이(SKY)대를 못 가고 이 학교에 들어왔다. 향후 4년이 그 차이를 극복할 마지막 기회다. 그러니 스카이가 놀

때 너희는 노력해 사회에는 승리자가 돼 나가라.' 그런데 이제는 '이 대학 입학으로 네 출신은 결정됐다. 스카이에 빼앗긴 네 기회를 찾는 데나 전념해라. 지방대 출신에게는 네 기회를 나눠줘라'고 해야 하는가."

기본적으로 제한된 사회적 자원의 분배를 둘러싼 갈등의 해결에 있어 쿼터제라는 것은 일종의 극약처방이다. 따라서 매우 한시적이고 예외적으로 도입할 정책이다. 예컨대 역시 참여정부 시절 지방분권위원회에서 도입하겠다고 발표한 지역인재할당제도 대부분의 헌법학자들은 위헌적 발상으로 보고 있다. 그런데 대학별 할당제라니, 이것은 가장 대증요법적인 단견이 아닐 수 없다.

이러한 발상에는 가장 중요한 전제가 잘못돼 있는데, 그것은 학벌독점 현상이 명문대의 독점이라고 오해하는 것이다. 앞에서 논한 것처럼 한국 사회의 학벌독점 현상은 이들 몇몇 대학 출신들의 과점이 아니라 압도적인 국립서울대 출신의 독점이기 때문이다. 연세대의 김용학 교수(사회학)는 국내엘리트의 출신대학을 분석하여 점유율을 산정해내었는데, 서울대 37.1%, 고려대 8.3%, 연세대 6.8%라는 수치를 내놓았다.

요컨대 우리의 학벌 독점은 스카이라는 속칭으로 불리는 명문대와 비명문대간의 격차가 아니라, 압도적으로 서울대라는 국가학벌과 민간학벌 간의 격차다. 국가학벌이 국가를 등에 업고 국가의 권력과 자원을 사유화해 엘리트 시장을 독점해가는 데 대해 생존차원에서 민간학벌이 대항 학벌을 이루고 있다는 말이다. 흔히 민간학벌이 'OOO대 마피아'니 하며 더 파벌적인 모습을 보인다고 하지만 그것은 구조적 차원에서의 국가학벌의 위세를 깨닫지 못하기 때문이다. 더 심각한 문제는 고려대나 연세대 같은 유수 사학이 국립 서울대와 같이 명문대라고 불리면서 일반인들로 하여금 국가학벌의 폐해를 직시하지 못하도록 오도하고 있다는 것이다. 아니 스스로 자신들을 서울대와 같은 반열로 착각하고 있거나 의도적으로 같이 명문대라고 분류되는 것에서 나오는 과실을 누리는 데 안주하는 지도 모르겠다.

현재의 피라미드식 학벌 서열 체계는 매우 인위적인 것인데 이 체계가 유지되는 동력은 외부의 힘, 바로 국가다. 국립대학을 정점에 세우고 사립대학을 그 보조 역할로 고정한 대학에 대한 국가 관리체제가 바로 학벌주의의 원천인 것이다. 이 학벌 구조의 가장 큰 피해자가 바로 고려대 등과 같은 유수한 사학들이다. 입시 때마다 성적 상위자들을 국립 서울대에 고스란히 헌납해야하지 않는가.

현재의 고착화된 학벌 서열 구조에서 우리가 지향해야할 고등교육의 모습은 대학들의 개성과 다양성이 넘치는 가운데 경쟁을 통해 서열이 학문 분야별로 유동적일 수 있는 모습이다. 그러나 국가학벌이 그 정점을 틀어쥐고 있는 한 서열의 유동화는 오지 않는다. 오로지 국가학벌의 표준에 따른 획일적 기준의 서열화만이 남게 된다. 요컨대 SKY에서 KY가 학벌 서열 구조에서 상대적 우위에 있다는 것은 국가학벌의 독점 구조에 기생해서 얻어진 부산물이다. 그러나 아무리 노력해도 일등을 할 수 없는 숙명적 이등의 자리, 그것은 얼마나 슬픈 존재인가.

필자는 연 · 고대 교수들을 만날 기회가 있을 때 마다 이런 내용의 발언을 했지만, 대개는 이에 대해 불편하게 생각한다는 느낌을 받았다. 'SKY'라는 용어가 주는 독점적 지위를 다른 유수 사학들과 나누는 것은 있을 수 없다는 뜻일까. 그래서 나는 '슬픈 연 · 고대'니 하는 자극적인(?) 표현을 써가며 칼럼도 쓰고, 한번은 고려대 학보사에서 칼럼 요청이 들어왔기에 작심하고 이러한 내용을 담아 글을 썼다(〈고대신문〉 2004.3.7.). 제목을 'SKY, It's wrong'(아마 틀렸다는 'wrong'이라는 단어보다는 헷갈리게 한다는 'deceptive' 정도의 단어가 더 적절할 듯하다)이라고 붙였다. 당시 유행하던 핸드폰 광고의 카피였던 'SKY, It's different'를 패러디 한 것이었다. 요는 'SKY'란 말에 속지 말고 유수한 사립대들과 힘을 같이하여 국립중앙대학의 독점이라는 제도적 구조물에 공동으로 대응해야 한다는 것이었다. 연세대의 교지에도 같은 취지의 글을 게재한 적도 있다. 그러나 단 한 번도 고려대와 연세대의 교수나 학생들로부터 어떤 반응을 들은 적이 없다. 그래서 그들의 속내가 정말 궁금하기도 하다.

역사적 관점에서 본 서울대 문제

그러면 우리 사회의 서울대 일극독점 현상은 어디에서 기인하는 것인가? 이에 대해 서울대 출신들이 평균적으로 가장 능력이 뛰어나기 때문에 나타나는 현상이고, 이것을 출신 학교를 매개로 조정하려고 하는 것은 좌파적인 평등주의의 사고라고 비판하는 견해도 있다. 그러나 서울대 일극독점 현상을 서울대 출신의 능력으로 돌리는 것은 곧 학벌주의란 능력주의의 결과일 뿐이라는 것인데 수긍할 수 없는 논리다. 일단 양보하여 서울대 출신의 능력이 전반적으로 뛰어나기 때문에 요직의 독점 현상이 나타날 수밖에 없다고 하자. 그렇다고 해도 이는 서울대가 특별히 나은 교육을 시켜서 그 서울대 출신들이 능력이 뛰어난 것이 아니라, 성적 위주의 획일적인 국가 관리의 대입제도 하에서 입학시험 성적이 우수한 학생들이 일렬종대로 서울대에 입학하기 때문이다. 그렇다면 성적 우수생들을 1등에서부터 무 자르듯 싹쓸이하는 서울대의 슈퍼 파워는 어디서 나오는 것인가?

해답의 실마리는 우선 '국립' 서울대학교라는 명칭에서부터 찾아야 한다. 더구나 서울대는 20여개의 국립대학 중 하나가 아니다. 한국의 대학들 중 유일하게 '서울대학교 설치령'이라는 특별법에 근거를 두고 있다. 즉 국립서울대학교는 많은 대학의 하나라기보다는 국가 기관의 일부라고 보아야 한다.

교육 특히 고등교육에 국가가 개입해 그 틀을 주조하는 것의 뿌리는 일본제국주의의 교육 이념으로 거슬러 올라간다. 일본의 대학에 대한 국가주의는 1886년에 제정되었던 제국대학령 제1조 '제국대학은 국가의 요구에 부응하는 학술과 기예를 가르치는 것을 목적으로 한다'라는 선언에 잘 나타나 있다. 이것은 처음부터 자치적인 조직체로서 형성되었던 유럽의 대학이나 사립 위주로 출발했던 미국의 대학들과 그 근본 이념을 달리하는 기초가 된다.

일본 대학을 대표한다고 하는 도쿄대학의 설립(1877)이 바로 일본이 근대화를 시작하면서 국가의 각 분야의 관리를 양성할 목적으로 이루어진 결과다. 도쿄대학에 이어 교토제국대학(1897), 도호쿠제국대학(1907) 등 후속 제국대학의 설립이 이어진다. 큐수, 홋카이도에 이어 여섯번째로 일본이 설립한 제국대학이 바로 게이세이(京城)제국대학(1924)이고 이어 또 다른 식민지인 대만에 제국대학을 설립했다. 일본은 그 후 1918년 사립학교법을 만들어 사립대학 설립의 길을 열었으나 관학 위주의 대학체제 하에서 사립대학들은 활기를 찾지 못하였다. 즉 사립대학은 1935년경 대학 졸업자의 65%를 차지할 정도로 비중이 커졌으나 여전히 국립대의 보완기관으로서의 역할을 강요받았으며 1949년 전후 교육개혁의 일환으로 비로소 법인격이 부여되었다.

경성제국대학은 해방 후에 잠시 경성대학으로 바뀌었는데, 이를 모체로 하고 여러 관립전문학교를 묶어 설립된 것이 바로 현재의 국립서울대학교이다. 이 과정에서 이른바 '국대안 파동'이라 하여 많은 저항이 있었다는 점도 기억되어야 한다. 해방 후 대학별 자치위원회 중심의 교육활동을 통해 성장하던 진보적 교육 세력에 대해 관료적 통제를 강화하고자 했던 미군정청과 교육계의 주도권을 장악하고자 미군정 업무에 협조해오던 집단의 결합으로 만들어진 국대안(국립서울종합대학안)은 그 비민주적인 성격으로 인해 교수와 학생 등의 격렬한 반대에 부딪혔다.

요컨대 국립서울대학교의 운영은 국가에 필요한 인재를 내부적으로 자체 조달한다는 이념에 기초한다. 제국대학 시절 일본의 총리가 도쿄대 졸업식에 참석해서 최우수 졸업생에게 금시계를 걸어주며 멸사보국을 주문했던 것처럼, 1970년대까지도 우리나라에서는 대통령이 서울대 졸업식에 참석해 훈시를 했다. 즉 대학이 국가권력에 예속, 아니 국가권력의 일부가 되는 국가주의 이념의 발로였다. 더구나 시민 사회를 경험하지 못한 신생 대한민국에서 국립서울대의 입학은 조선 시대 과거시험의 재판이었으며, 서울대의 열쇠마크 뱃지는 출세의 문을 활짝 열어젖히는 마법의 열쇠로 인식되었던 것이다.

이처럼 국가주의 이념이 지배하는 고등교육의 영역에서 사립대학이라는 것은 결국 부차적인 의미밖에 없는 것이다. 국가가 고등교육 시장을 민간에 개방하면서 해방 이후 수많은 사립대학들이 설립되었고 그 중 유수한 대학들이 좋은 교육을 통해 훌륭한 인재를 배출해 왔지만 국가권력을 등에 업은 국가학벌인 서울대의 압도적인 위세 앞에서는 제대로 기를 펼 수 없었다. 오히려 이들은 생존 차원에서 저마다 뭉치고 다른 사립대와의 비교우위를 내세우며 서울대의 그늘 밑에서 그 과실의 일부라도 나누고자 하는 행태를 보이게 되었고 이것은 학벌주의를 더욱 강화하는 요소가 되었다.

결국 우리 사회의 학벌주의의 해법도 이 지점에서 고민할 수밖에 없다. 국가학벌을 해체하고 고등교육 시장을 경쟁적으로 만드는 것이다. 국가가 고등교육 시장의 심판이면서 동시에 선수로 뛰고 있는 우스운 현실을 바로잡는 것이다. 국가가 고등교육기관을 운영하고자 한다면 그것은 특수한 목적을 가진 대학에 한정되어야 한다. 사관학교나 해양대학, 교육대학 등처럼 무상교육을 시키고 일정기간 의무복무를 부담지우는 형태가 되어야 한다. 그렇지 않고 국가가 아무런 특수 목적도 없는 일반 대학을 직영하면서 국민의 세금으로 값싼 등록금을 책정한다면 이는 시장을 교란시키는 일종의 덤핑 행위에 불과하다.

헌법적 관점에서 본 서울대 문제

필자의 전공이 법학이다 보니 법적 관점에서 서울대 문제 내지 국립대의 문제에 관심을 갖게 됐다. 특히 헌법적 관점에서 볼 때 서울대의 문제는 일단 국립대학의 문제로 치환될 수 있다. 물론 서울대는 '서울대학교 설치령'이라는 특별법에 의해 규율되는 관계로 일반 국립대학과도 구분되는 면이 있지만, 근본적으로는 우리나라의 고등교육 체제가 국립대학과 사립대학의 이원체제로 구분되고, 사립대학에 대한 국립대학의 우대로 나타나는 고등교육 제도의 정당성 문제로 귀착하게 된다.

그래서 고민 끝에 이 문제를 헌법재판소(이하 '헌재')로 가져가는 프로젝트를 진행해보기로 했다. 물론 필자가 헌법을 전공한 것은 아니라서 법적인 논리구성에 고민을 많이 했고, 때로 권위 있는 헌법 학자를 면담하여 자문을 구하기도 하고, 실무가들의 도움을 받기도 했으며, 많은 문헌 자료를 찾아보기도 했다. 결국 국립대학에 대한 국가의 재정지원이 헌법상의 평등권을 침해하는 점에서 위헌임을 확인해 달라는 헌법소원을 2002년도 5월경에 제기했다. 청구인은 필자가 참여하고 있는 시민운동단체 '학벌없는사회만들기'의 대표인 정영섭 교수와 필자가 가르치는 학생 중에서 지원자를 골랐다. 1년여의 기다림 끝에 드디어 2003년 6월 26일자로 선고가 내려졌는데(사건번호 2002헌마312), 결과는 기각도 아니고 아예 각하(제소가 형식적인 요건을 갖추지 못한 경우, 부적법한 것으로 하여 내용에 대한 판단 없이 소송을 종료하는 일) 판결이었다. 즉 본안 심리에도 이르지 못했는데, 이유는 청구인이 자기관련성 즉 청구를 제기할만한 이해관계인이 아니라는 것이었다.

하지만 헌재는 각하 판결문에서 우리의 주장을 경청하고 헌재의 견해를 상당부분 밝혔다. 이로써 이 문제에 대한 우리의 문제의식은 더욱 견고해졌다. 헌재의 판결요지를 간단히 소개해보고자 한다.

먼저 우리는 교육부장관, 재정경제부 장관 등을 피청구인으로 하는 청구취지에서 주장하기를 "피청구인들의 국립대학(교)에 대한 2002년도 재정지원은 국립대학(교) 재학생과 사립대학(교) 재학생의 2002학년도 제1학기 등록금납부액에 있어 현저한 불평등을 초래하였고, 이러한 불평등은 추후 지속적으로 반복될 것이므로 위헌이다'라는 결정을 구한다"고 했다. 이에 대한 헌재의 결정 요지는 다음과 같다.

이 사건에서 만약 헌법재판소가 "국립대학에 대하여 사립대학에 대한 것보다 월등히 많은 금액의 재정지원을 하는 것은 평등권을 침해하는 것이다"라고 확인하는 결정을 내리면, 국립대학에 대한 재정지원이 박탈되거나 감축되는 방향으로 평등이 이루어질 수도 있겠지만, 사립대학에 대한 재정지원이 증가하게 될 수도 있으므로 사립대학의 입장에서는 비록 공권력행사의 직접 상대방은 아니지만 자기관련성을 인정받을 수 있는 것이다.

그러나 국립대학에 대한 재정지원이 평등권침해와 관련하여 사립대학에게 자기관련성이 인정될 수 있다고 하더라도, 이는 법률적으로 사립대학의 경영주체인 학교법인에 대하여 인정되는 것이 원칙이고 사립대학의 관계자 모두에게 인정되는 것은 아니다… . 청구인들은 사립대학을 운영하는 학교법인과의 계약관계에 의하여 대학에 재학하거나 근무하는 재학생 또는 교수일 뿐, 학교법인의 구성원도 아니고 학교법인에 대한 법률적 규율의 영향으로 청구인들의 법적 지위나 권리 · 의무관계에 직접 영향이 미칠 만큼 밀접한 관계에 있지도 않다. 헌법재판소의 위헌결정으로 사립대학에 대한 국가의 재정지원이 증가할 경우 청구인들의 입장에서 납입해야 할 등록금이 줄어든다거나 교육 환경이 좋아지는 등의 영향을 받을 수도 있지만, 그것은 어디까지나 간접적 · 반사적 이해관계인 것이지 법률적 이해관계는 아닌 것이다.

그러므로 이 사건 헌법소원청구는 청구인들에게 자기관련성이 없어 부적법하여 심판청구를 각하한다.

재판의 과정에서 교육인적자원부는 답변서를 내어 국립대학에 대한 재정지원은 경제적 · 지리적 여건으로 인하여 고등교육을 받기 어려운 자들에게 고등교육의 기회를 제공한다는 점에서 국가의 의무로서 행해지는 이른바 '조성적(助成的) 행정행위'이므로 기본권을 침해할 수 없다고 했다. 또 사립대학은 사재로서 설립한 학교로서 자율을 누리고 있으므로 재정의 확보는 학교법인의 책임이라고 하였다.

그러나 국가가 직접 국립대학을 운영하는 것은 국가사무의 집행일뿐 민간에 대한 지원을 의미하는 조성적 행정행위와는 거리가 멀다. 게다가 헌재도 "혜택을 주는 공권력행사의 경우에는 수혜범위에서 제외된 청구인이 국가가 다른 집단에게 부여한 혜택으로부터 자신이 속한 집단을 평등원칙에 위배되게 배제하였다"는 주장을 할 수 있다고 설시하고 있다. 현재 국립대학과 사립대학과는 학생의 모집기준이나 커리큘럼 등에서 아무런 차이가 없어 고등교육 시장에서 완전한 경합관계라고 볼 수 있다. 이러한 사정에서 국가가 국립대학에만 시설비와 운영비의 압도적인 부분을 지원하는 것은 사립학교에 대한 차별적 행위로서 평등의 원칙에 결정적으로 위배되는 것이다.

나아가 국립대학이 경제적 · 지리적 여건으로 인하여 고등교육을 받기 어려운 자들에게 고등교육의 기회를 제공한다는 논거도 현실과 맞지 않는다. 국립대학들의 대부분은 대도시에 소재하고 있으며 입학과정에서 지원자의 경제적 사정을 고려하는 것도 아니다.

보다 근본적으로는 오늘날 고등교육에 국가의 조성적 역할이 과연 필요한가를 재고해보아야 한다. '조성(助成)'이란 사회적 약자 또는 취약한 부분에 대해 국가가 이것이 잘 성장할 있도록 북돋아준다는 뜻을 담고 있다. 그러나 초·중등교육이라면 모르되 고등교육은 오늘날 과도하다고 할 정도로 민간의 자원과 역량이 집중되어 있다. 반면에 초·중등교육은 이제 막 중학교 의무교육을 시작한 단계로, 우리의 경제력에 비추어 매우 부끄러운 수준이다. 이런 상황에서 국가가 고등교육에서 조성적 역할을 떠맡고 나서겠다는 것은 시대착오적이다. 정작 국가가 고등교육을 위해서 할 역할은 대학 간 공정한 경쟁과 보상이 이루어질 수 있도록 심판관의 역할을 다하여 고등교육이 보다 생산적이고 효율적이 될 수 있도록 환경을 마련하는 일이다.

또 한 가지 논의될 것은 국립대학에 대한 입학기회가 균등하게 제공되고 있다는 점이 이러한 차별을 정당화할 수 있는지의 문제다. 국가가 일정한 집단에게만 수혜를 주고자 할 경우에는 그러한 차별적 대우를 정당화하는 정책적 필요성이 있어야 한다. 타당한 정책적 목표가 없이 집단 간에 차별적으로 혜택을 부여하는 것은 그 집단에 속할 기회가 균등하다는 것만으로는 정당화될 수 없다.

또한 재정지원을 받지 않는 대신에 사립대학은 고도의 자율성을 누리고 있는 것처럼 말하고 있으나, 현실적으로 고도의 자율성을 보장받고 있는 사립대학은 존재하지 않는다. 고등교육에서 수익자부담의 원칙을 말하면서도 사립대학들의 가장 중요한 재원인 등록금의 인상은 행정지도에 의하여 통제되고 있다. 그 외 30여 개의 관련법령에 의해 대학 설립, 학과신설, 학제 및 교과, 학생 정원 등이 인·허가제 등으로 통제

되고 있어, 사립대학은 실제로 국가의 고등교육 독점체제에 편입·관리되고 있다.

사립대학에 다니는 학생들이 국립대학에 다니는 학생보다 열악한 교육 환경에도 불구하고 배액 이상의 등록금을 납부하는 것은 국립대학에 대한 국가의 편파적 재정지원에 기인한다. 우리의 헌법소원은 이 점에서 시작하여 현재 우리 사회에서 국립대학의 존재의미, 나아가 고등교육에 대한 국가의 역할에 의문을 제기하고자 했다. 그러나 아쉽게도 헌재는 이를 각하하면서 심판청구의 요건인 청구인의 '자기관련성'이 충족되지 못하였음을 지적했다.

즉 사립대학의 재학생이나 교수는 학교법인과의 계약관계일 뿐, 법률적 밀접성이 없으며 위헌결정 시 등록금 인하 등의 혜택을 누리는 간접적·반사적 이해관계자일 뿐 법률적 이해관계자는 아니라는 것이다. 이에 대한 더 이상의 논의는 지나치게 전문적인 법적 쟁론이 되므로 생략하기로 한다.

그러나 희망적인 것은 사립대학법인은 자기관련성이라는 형식요건을 충족시킬 수 있음을 언급한 점이다. 물론 다음에 사립대학법인이 청구인이 되어 심판을 청구하는 경우에 그 결과를 섣불리 예측할 수는 없다. 다만 이를 통해 위 헌법소원이 제기한 근본적인 문제의식에 대한 헌재의 판단을 받아보고 싶다.

바라건대 조만간 용기 있는 사학법인이 청구인으로 나서주기를 바랄 뿐이다. 사학법인이 자신에 대한 포괄적인 감독권을 갖고 있는 교육인적자원부를 피청구인으로 삼아 헌법소원을 제기하는 것은 큰 용기를 필요로 하는 것이지만, 민간의 적극적인 도전과 문제제기 없이는 우리 사회의 잠재적 발전역량을 억누르고 있는 과도한 국가주의의 그림자는 쉽게 걷히지 않을 것이다.

국·사립대학 이원체제의 허구성

국가학벌 또는 서울대의 문제는 이론적으로 분석해 들어가면 결국 국·사립대학 이원체제의 정당성의 문제로 귀착된다. 사립대학 위주로 발전해온 미국의 대학 시스템과도 다르고, 고등교육을 국가가 책임지고 고등교육을 이수할 기회를 국민의 기본권의 하나로 보는 유럽 국가들과도 달리, 우리의 대학 시스템은 국립대학들이 우위를 차지한 채 국립과 사립이 원칙 없이 혼재한 상황이다. 이러한 이원체제는 일본의 대학시스템을 그대로 물려받은 데 그 원인이 있다. 즉 근대화 초기에 국가의 엘리트를 국가가 직접 양성한다는 일제 강점기의 국가주의적 교육관과 부차적으로 고등교육시장을 민간에 개방하는 정책이 무원칙하게 결합한 기형적 체제라는 것이다.

국가가 직접 국립대학을 세우고 운영하면서 사립대학을 포함한 대학

교육 전체에 지도적인 역할을 하는 국가중심주의가 일본의 대학제도의 가장 큰 문제점이라는 것이 자주 지적되고 있다. 일본은 세계 최고의 중앙집권적 교육제도를 유지하고 있으며 이것은 대학에 대해서도 마찬가지다. 대학입시방식뿐 아니라 교육계획과 과정도 대학설치기준을 통해 엄격하게 관리해왔다. 일본의 대표적 지성인인 다치바나는 이러한 대학체제를 '문부성에 의한 호송선단'이자 '후진국형 또는 전제주의 국가형 국가통제교육 시스템'이라고 명명하며 그 침몰을 예고하고 있다. 그리고 이를 위해 전제적이고 획일적인 '교육사령부'인 문부성을 즉시 해체해야 한다고 단언한다. 일본의 고등교육이 살아나기 위해서는 이러한 국가주의의 이념과 결별해야 한다는 것을 강조한다. "어떤 학생을 대학에 받아들이고 어떤 내용으로 무엇을 어떻게 가르치는가 하는 것은 대학만이 결정할 수 있는 문제이지 국가가 개입할 문제가 결코 아닌 것이다"라고 한다(다치바나, 《도쿄대생은 바보가 되었는가》, 2002). 이러한 비판은 국가가 대학교육 서비스의 독점적 공급의 주체이고 대학은 그 대리인에 불과한 우리의 현실에 그대로 들어맞는다.

또한 국립과 사립이 병존하는 체제에서 서로 간에 아무런 역할분담도 없이 동일한 시장에서 동일한 방식으로 즉 점수 더 높은 학생 끌어오기 식의 경쟁을 하고 있다. 그리고 이러한 경합관계에 있는 국립대학과 사립대학 사이에서 국가가 국립대학을 재정적으로 책임을 지고, 게다가 관존민비 또는 국가주의의 잔영을 떨치지 못한 우리 사회에서 이념적 우위마저 점함에 따라 국립대학의 사립대학에 대한 우위라는 서열체제의 한 축이 확립되었다. 전국단위로는 국립서울대가 유수한 사립대위에서 군림하고 있고 각 지역에서는 지방 국립대학이 지방 사립대학들 위에서 맏형 노릇을 하고 있다. 지방 사립대의 적지 않은 학생들이 단지 등록금이 싸다는 이유로 이웃하는 국립대학들로 편입하는 현상이 일어나고 있는 실정이다. 그리고 이러한 대학서열 체제의 고착화는 대학사회를 경쟁의 무풍지대로 만들었고 오히려 사회의 맹목적인 학벌의식을 조장하고 중등교육을 황폐화하는 등 숱한 교육 문제의 근원이 되고 있다.

이러한 국립대학의 사립대학에 대한 우위를 합리화하기 위한 시도로 국립대와 사립대의 역할분담을 주문하는 견해가 꾸준히 있어왔다. 우선 학문분야별 분담, 예컨대 국립대학이 기초학문을 주로 담당하고 사립은 실용학문을 주로 담당하는 것이 바람직하다는 주장이 자주 들리는데 이는 지극히 피상적인 생각이다. 적어도 연구중심 대학을 표방하는 다수의 사립대학들에게 인문 · 자연과학의 기초학문 분야를 포기하라고 할 수는 없다. 기초학문 분야가 뒷받침되지 않는 대학이 정상적인 체제를 갖춘 대학으로서 존재할 수는 없다. 굳이 용어를 쓴다면 민간이 돌보지 않는 특수 분야를 가리키는 것으로 '보호 학문'이라는 용어를 쓸 수는 있겠다. 예컨대 특수어나 특수지역연구 등을 들 수 있을 것이다.

국립대와 사립대의 역할분담으로 제기되는 또 하나는 국립대가 사회복지의 역할을 담당해야 한다는 것이다. 이는 특히 학생의 선발에 소외계층에 대한 배려가 있어야 한다는 것이다. 이것은 그런대로 일리가 있어 보인다. 미국에서는 낙후 지역의 주립대학이 대체적으로 이러한 역할을 담당한다. 이를 위해 주정부 등에서 상당한 지원을 하고 지역 거주자들에게는 저렴한 수업료를 받고 있다. 그런데 이러한 역할분담이 자리를 잡으려면 국립대학이 사립대학보다 우위의 상태에 있어서는 힘들다. 상층부의 자제들이 서울대에 들어가기 위해 고액 과외를 하고 실제로 신입생의 대다수를 점하는 현실이 이를 잘 말해준다. 어차피 복지적 배려라고 하는 것은 잘해야 평균적 수준을 확보하는 것인데 국립대학이 서열구조의 상위를 점하는 사정에서는 이러한 복지적 배려가 작동할 공간이 생길 수가 없다.

그리고 덧붙인다면 일정한 대학을 지정하고 그 대학에 입학하는 학생들에게 저가의 등록금을 받는다는 방법은 매우 효율이 떨어진다. 이러한 접근은 본래의 의도와는 달리 오히려 소득의 역재분배현상을 가져온다는 연구가 많다. 오히려 일정 소득 수준 이하의 가정의 학생들에게 직접적으로 학자금을 보조해주는 방법이 바람직하다.

결국 국립대학과 사립대학의 역할 분담은 그럴듯한 구호에도 불구하고 그 구체적 내용을 찾기가 힘들다. 국 · 사립대학의 이원적 체제를 존치시킨 채로 굳이 방법을 찾는다면 아예 국 · 공립대학을 모든 국민의 평생학습기관으로 개방하는 것이 그 하나가 될 수 있다. 예컨대 다음과 같은 한 교육학자의 주장은 우리에게 일러주는 바가 크다. "국 · 공립대학들은 기본적으로 납세의무를 수행한 모든 국민에게 입학과 전학의 문을 개방해야 한다. 국립대학 입학이나 교육은 국민에게 결코 특권이 아니라는 인식과 그런 교육 정책적 조치가 필요하다. 국립대학은 공교육 재정으로 운영되는 한, 납세하는 국민들의 실질적 평생학습을 위한 열린 고등교육 기관으로 거듭나야 한다. 이로써 국립고등교육기관의 공공재적 성격은 더 한층 분명해 질 것이다."(한준상, 《이 교육》, 2003)

'러플린 실험'이 남긴 것

몇 해 전 한국과학기술원(KAIST)은 외국인 영입 총장인 러플린 총장의 연임문제로 홍역을 치렀다. 결국 연임 안은 카이스트 이사회에서 부결됐고, 노벨물리학상 수상자이자 첫 외국인 총장으로서 한국과학기술 교육에 새바람을 몰고 올 것으로 기대됐던 러플린 총장의 실험은 미완으로 끝났다. 취임 초 카이스트를 미국의 MIT에 비견되는, 미래사회에 맞는 새로운 모델의 세계적인 연구중심대학으로 만들겠다는 포부를 밝히며 과학계의 히딩크로 불렸던 그였기에 아쉬움도 크다.

외부에서 보건대 카이스트 발전방향에 대한 신선한 구상과 개혁의지에도 불구하고 그는 카이스트 내부 구성원들과 개혁의 비전 및 방향에 대한 공감대를 이루는 데 실패한 것으로 보인다. 특히 개혁의 주체가 돼야 할 400여 전임 교수들과 끊임없는 마찰이 있었으며 연임의 부결에는 교수협의회에서 89%나 되는 비율로 연임을 반대하는 의사를 표시한 것이 결정적인 원인이 된 듯하다. 러플린 사태는 리더의 개혁의지가 분명해도 구성원들을 설득하고 동기를 부여해 자발적인 참여를 이끌어내지 못하면 성공할 수 없음을 잘 보여주는 사례라고 할 수 있다.

그렇지만 러플린 총장이 그간 카이스트의 사립화 등 여러 논쟁적인 이슈 제기를 통해 내놓았던 문제들은 우리나라의 고등교육 방향에 대한 근본적인 성찰의 단서를 제공해 주기에 충분하다. 잘 알다시피 고급 과학기술 인재의 양성이라는 목표 아래 1970년대 초에 설립된 카이스트는 고도성장 시기에 과학기술 분야에서 우수한 연구 및 교육인력을 배출했다. 이처럼 국가에 의해 설립 및 운영되어온 국립대학 체제가 21세기의 변화하는 환경에서도 여전히 효율적인 시스템인가를 러플린 총장은 물었던 것이다. 산업화 초기에 국가 지원을 받아 선도적 역할을 수행했으나 오늘날 과학기술 교육이 대중화되었고, 많은 사립대학들에서도 수준 있는 교육을 시키고 인재를 배출하는 상황에서 카이스트만이 국립이라는 울타리에 머무는 것이 어떠한 정당성을 갖느냐는 것도 문제다. 즉 이공계 교육에서 카이스트는 많은 사립대학들과 경합 관계에 있음을 인정해야 하는 시점에 온 것이다.

경합 관계에서 일방적인 국고 지원은 불공정경쟁과 연결될 수 있고 그것은 전체 시스템의 경쟁력 약화로 이어지는 것이 일반적이다. 이것은 확대하면 국립대와 사립대가 무원칙하게 혼재해 있는 우리 고등교육 체제와도 관련되는 문제다. 더 큰 문제는 이러한 국립대학 체제가 매우 비효율적이라는 것이다. 러플린은 그간 여러 언론 기고나 인터뷰를 통해 카이스트의 발전을 위해서는 국립 체제에서 벗어나는 것이 중요한 요소임을 강조해왔다. '국립대학이 정부돈을 받으면 정부가 원하는 일을 할 수밖에 없다', '지금 한국은 국가와 국립대와의 관계를 어떻게 설정할 것인가 하는 것을 결정할 역사적 순간에 있다.' 그래서 러플린은 학생과 학부모를 만족시키는 교육을 해야 하며, 이를 위해 입학 정원을 늘리고 학생들로부터 등록금을 받고 의대나 법대의 입학 준비 과정을 개설하는 등의 사립화 방안을 제시했다가 카이스트의 설립 목적에 반한다는 호된 역풍을 맞기도 했다.

오늘날 수요자 지향형의 인적자원 개발은 대학 개혁의 방향이 되고 있다. 교육 소비자인 학생과 또 인력 수요 측인 기업과 사회의 수요를 충족할 수 있는 교육이어야 한다. 이공계에서도 이처럼 수요자인 산업계와 이공계 교육기관들이 시장에서 공정하게 만날 수 있는 장이 마련되는 것이 중요하다. 그 해법은 국가 지원 체제의 강화보다는 올바른 시장 원리가 작동돼 효율적인 인력 공급이 이루어질 수 있도록 시스템을 근본적으로 개편하는 것이다. 이 흐름의 중심에 카이스트의 개혁문제가 놓여 있으며, 러플린 사태를 통해 우리가 놓치지 말아야 할 쟁점도 이 지점이다.

어느 분야든 초기 단계에서 집중과 선택의 원칙에 따른 국가의 선도적 역할이 필요한 시기가 있다. 우리나라가 정보화 강국이 된 것도 초기에 국가의 강력한 선도역할이 있었음을 지적하는 견해들이 있으며 이를 이른바 '발전국가'(developmental state)이론으로 설명하기도 한다. 그러나 일정 시점이 지나 어느 정도 시장이 형성되면 이제 국가의 지원이나 지도는 간섭이 되고 자율적인 시장경쟁에서 나오는 발전의 흐름을 왜곡하게 된다. 즉 민간의 자생력이 어느 정도 정착하는 시점에서 정부는 그 선도적 역할을 다 한 것이 되고 이제 공정한 시장의 관리자가 되어서 그 분야가 경쟁 속에 자율적으로 발전해 나갈 수 있도록 규칙을 세우고 장을 마련해 주는 데 전념해야 한다. 문제는 모든 기구나 제도는 하나의 생물체여서 일단 생성되면 목적이 다 한 경우에도 그 자체는 계속 생존하고 확장되어 나가려는 본능을 갖게 된다는 것이다. 효용을 다한 국가기구가 국가의 자원을 쓰면서 민간 위에 군림하거나 우위를 차지하면 민간의 창의와 의욕을 저하시킴으로써 국가 전체적으로 볼 때 마이너스가 된다. 오래 전 국립세무대학 폐교를 정당하다고 한 헌법재판소의 판결이 그 한 예이며, 끊임없이 거론되는 국립경찰대 폐지론, 우체국의 정부보장을 내세운 금융사업, 국책은행의 민간은행과의 경쟁 등등이 그 맥을 같이 하는 논란거리다. 국립대학의 정당성의 문제도 바로 이러한 구조적인 관점에서 검토되어야 비로소 올바른 위치를 찾게 될 것이다.

서울대 귀족화를 위한 법인화인가

오늘날 세계 각국은 고등교육의 경쟁력 강화를 위해 저마다 고심하며 체질의 개선을 도모하고 있다. 대학 평준화를 핵으로 하는 좌파적 주장의 근거지인 유럽식 모델을 대표하는 독일도 '의제 2010(Agenda 2010)'이라는 사회전반의 개혁 청사진 아래서 활발히 대학교육의 개편작업에 나서고 있다. 전통적으로 독일 대학들은 교육의 평등과 민주성의 원칙에 따라 전반적으로 평준화된 대학 문화를 유지해왔다. 한 예로 2009년 〈더 타임스〉의 세계대학평가에 따르면 독일 대학은 50위 안에 랭크된 대학은 없지만 200위 안에는 10개, 500위 안에는 41개의 대학이 랭크되어 있다(참고로 한국은 200위 안에 4개, 500위 안에 12개다). 독일 정부는 이제 경쟁과 성과에 따라 10개 정도의 대학을 집중 지원해 세계적인 명문대학으로 육성하려는 등 근본적으로 재편을 시도하고 있다. 연방정부와 주정부가 공동으로 2006년부터 2010년까지 5년 동안 해마다 3억 8천만 유로(약 5,300억 원) 정도의 예산을 투입해 아홉 개의 중점 대학과 우수연구센터를 육성하고 있다. 이에 비해 독일처럼 대학 교육을 국가가 책임지는 이웃 프랑스는 정부 재정의 부족으로 대표적 대학인 소르본 대학의 학생이 지난 5년간 25%나 급감했으며, 교수 부족으로 대형 강의가 이루어지고 경제적으로 여유 있는 학생들은 무료인 국립대를 외면하고 영국으로 몰려가 현재 그 수가 1만 1,000여 명에 이른다고 한다.

난공불락의 국가 중심주의 일본 대학체제도 세계화 시대에 버티지 못하고 급격한 변화의 물살을 타고 있다. 2003년 7월 9일에는 '국립대학법인법'이 국회에서 통과됐다. 2004년 4월부터는 모든 4년제, 2년제 국립대학이 89개 법인으로 민영화돼 새로 출발하고 있다. 정부 통제를 받는 대신 정부 지원 아래 안주하고 있던 대학들은 자율적으로 교육 과정과 수업료 등을 결정하고 수익사업도 할 수 있는 반면, 매년 외부기관 평가를 받아 성적에 따라 정부 지원금을 받는 등 치열한 경쟁 시대를 맞게 된 것이다. 일본의 국립대학 법인화는 1886년 제국대학령 공포와 1949년 신제 국립대 발족 이래 최대의 대학 개혁 작업으로 평가받고 있다.

이러한 일본의 대학 개혁은 일본 대학 체제의 복사판이라 할 수 있는 우리에게 많은 시사를 주고 있다. 그 핵심은 국가가 직접 국가 예산으로 다수의 일반 국립대학을 직영하는 체제는 그 효용을 다했다는 것이다. 국가 주도의 성장이 한계에 도달한 것은 경제계뿐만이 아니다. 세계를 무대로 경쟁해야 하는 고등교육에서도 마찬가지다. 지금처럼 국립대학이 국가의 행정 · 재정 지원을 등에 업고 민간 위에 군림해온 국립대학 우위의 대학 체제로는 우리 고등교육의 경쟁력 향상을 기대할 수 없다. 이제 특수 목적을 가진 대학을 제외하고는 국립대학을 국가의 후원과 통제 양면으로부터 자유롭게 해 사립대학과 동일한 조건 하에서 생존과 번영을 도모하도록 해야 한다.

요컨대 오늘날 대학교육은 글로벌 경쟁체제에서 살아남아야 하며 이를 위해서는 개별 대학의 경쟁력이 중요하다. 이러한 경쟁력의 향상은 국내 대학들 사이에서 활발한 경쟁체제가 조성될 때에만 가능하다. 이를 위한 국가의 역할은 지금과 같이 경쟁의 한가운데 선수로 직접 참가하여 경쟁 질서를 왜곡하는 것이 아니라, 공정한 경쟁 환경이 조성될 수 있도록 엄정한 심판관의 역할을 하는 것이다.

대학체제 개혁의 첫 단계로 정부에서는 오래 전부터 일본의 선례를 참고하여 국립대학의 법인화를 추진해왔다. 그리하여 작년 12월 8일 '국립대학법인 서울대학교의 설치 및 운영에 관한 법률'이 국무회의를 통과하였다. 이에 따르면 2011년 3월부터 서울대는 독자법인으로 출범한다. 그러나 그 내용에 대해서는 벌써부터 서울대의 귀족화를 위한 특별법이라며 많은 반발이 쏟아지고 있다. 특히 재정적인 측면에서 파격적인 지원이 예정되어 있다. 현재 정부와 지방자치단체 소유로 서울대가 관리하던 재산은 학교 운영에 필요한 범위 안에서 협의를 통해 서울대에 무상으로 양도할 수 있게 했으며, 국가 재정 지원은 법인화 이후에도 현재와 비슷한 수준으로 이뤄진다. 이는 이미 전환된 몇 개의 국립대법인체에 비해서도 파격적인 혜택을 주고 있는 것이다. 현 상태로도 서울대의 재산 총액과 국고지원액은 타 국립대에 비해 월등하다. 서울대의 재산 총액은 3조1천억원으로 부산대, 경북대, 강원대, 충북대, 제주대를 모두 합친 2조 8천억원보다 많고, 서울대 학생 1인당 국고지원액은 2천853만원으로 2위인 부산대(976만원)에 비해 3배 가량 많다. 게다가 주로 기부금 수입으로 이뤄진 발전기금도 서울대는 지난해 592억원을 모은 반면 대부분의 거점 국립대학은 서울대 대비 10% 안팎의 액수를 모금했다고 한다.

이처럼 서울대는 법인화 이후에도 여전히 국고에 빨대를 대고 안정된 재정지원을 받을 수 있는 제도적 장치를 마련해두고 있다. 결국 법인화라는 것의 실질이 무엇인가가 매우 혼란스러운 상태에 이르고 있다. 우선 '국립대학법인'이라는 명칭부터가 이상하다. 국립이면서 동시에 법인체라는 것은 언어모순아닌가. 서울대 총장 후보자는 '법인화가 되어도 서울대의 주인은 국가이므로 재정지원은 당연하다'라는 말까지 하고 있다. 법학도로서 내가 아는 법인화란 새로운 법적 주체의 탄생이다. 즉 서울대가 국가기관에서 벗어나서 독립된 권리와 의무를 지는 주체가 된다는 것이고 이것이 의미하는 바는 고등교육이 이제 국가사무의 영역에서 시민사회의 영역으로 옮겨왔다는 것이다. 따라서 법인화 이후 서울대에 대한 국고지원은 납득할만한 근거가 제시되지 않는한 타 대학법인체에 대한 특혜가 될 수 밖에 없는 것이다. 법인체로서 누리게 된 자유와 자율에는 스스로 생존을 모색해나가야 한다는 책임도 따르는 것이다. 법인화 논의에서 우리는 국제경쟁력의 향상이니 하는 실리적 쟁점이 아니라, 일본이 130여년전 서구의 대학제도를 도입하면서 확립하였던 고등교육에 대한 국가지배의 구조가 무너지고 고등교육이 시민사회의 자치적 영역으로 넘어오는 패러다임의 변화가 이루어지는 것임을 놓쳐서는 안될 것이다.

'교육 파시즘'을 넘어서

서울대 개혁론만 나오면 서울대 측이나 반대하는 입장에서는 이것이 평등지상주의며 포퓰리즘이라고 비판한다. 앞서가는 모든 것을 뒤로 잡아당겨 함께 못 배우는 평준화 사회가 될 것이고, 평등주의 이념으로는 글로벌 경쟁체제에서 추락할 수밖에 없다고 한다. 오히려 서울대가 세계적 연구중심 대학으로 발전하게끔 밀어주어야 한다는 것이다. 필자는 국립 서울대를 힘 모아 밀어주자라는 구호 속에서 개발독재적 사고의 잔영을 본다. 참된 경쟁력이 경쟁 체제의 산물이라는 것을 믿는다면, 우리 고등교육의 경쟁력을 높이기 위해서는 우리 대학 사회에 선두 다툼을 벌이는 치열한 경쟁체제가 조성되어야 한다.

그러나 우리 대학 사회에는 고등교육을 국가체제에 종속시키려는 일제의 제국대학설립 시의 패러다임이 여전히 국립서울대를 정점으로 하는 국립대학 우위체제에 그대로 유지되고 있다. 이제는 이 패러다임을 바꾸어 민간 주도의 다양하고 개성적인, 경쟁이 있는 고등교육의 장을 만들어야 한다. 현재 예각의 피라미드식 대학서열은 인위적인 외부의 힘에 의해 유지되고 있다. 본래 자연적인 경쟁 상태에서는 서열이 쉽게 고착화되지 못한다. 우리의 기업들을 보라. 20-30년 전의 10대 재벌 중 지금도 그 위상을 유지하는 기업이 몇 개나 되는가? 따라서 외부에서 가해지는 인위적인 힘이 없어지는 것만으로도 획기적인 개선의 효과를 기대할 수 있다. 이 외부의 힘이 바로 국가의 역할이다.

즉 현재의 대학서열 체제는 매우 인위적인 것이고 이것을 유지하는 힘은 국가의 간섭이다. 국가가 대학의 운영에서 완전하게 손을 떼는 날 비로소 대학에는 시장원리가 작동하기 시작할 것이다. 서울대의 실력 있는 교수들은 더 나은 대우를 해주는 사립대학으로 대거 이동할 것이고 학생들은 더 나은 교육서비스를 제공해주는 대학을 찾아 나설 것이며 대학들은 시장에서 인정받고 살아남기 위해 더욱 분발할 것이다. 이럴 때 비로소 우리 대학의 경쟁력은 살아나기 시작할 것이고 세계무대로 나아갈 수 있을 것이다. 세계의 유수한 석학들이 우리 대학의 연구실을 차지하고 세계 각국의 학생들이 우리 대학의 캠퍼스를 누비며 대학의 재정에 도움을 줄 것이다.

세계화 시대에는 더 이상 국내적인 어떠한 관리 시스템도 별 의미가 없다. 벌써 적지 않은 우수한 고등학교 졸업생들이 국내의 유수한 대학을 비웃으며 외국의 명문 대학으로 직행하고 있다. 이 시대에 국가가 할 일이란 국내 대학 간의 공정한 경쟁체제를 조성해 이들이 세계무대에서 살아남을 수 있는 국제경쟁력을 키우도록 하는 것이다. 그리고 이러한 경쟁체제의 일선은 성질상 민간 즉 유수한 사립대학들이 맡을 수밖에 없다.

국립서울대가 일본의 도쿄대, 더 정확히는 북한의 김일성종합대와 같이 정점에서 군림하고 있는 체제, 모든 대학들이 교육부에서 내려온 공문을 받들어 모시는 체제로는 우리 대학은 결코 후진성을 면할 수 없다. 우리의 대학 체제가 국가 관리에서 완전히 벗어나고 사립대 우위의 치열한 경쟁체제가 되는 것, 그것이 세계화 시대에 우리 대학이 나아갈 길이다. 필자가 교육 파시즘 또는 교육 전체주의라고 부르는 것은 교육, 그 중에서도 고등교육을 시장과 시민 사회의 영역으로 넘기지 못하고 국가가 직접 관여하여 그 틀을 주조하고자 하는 것을 말한다. 바로 교육에서 이러한 전체주의, 국가 주도를 포기하고 민간의 자유와 창의를 촉진하는 체제로 옮겨가야 한다는 것이다.

흔히 사립대의 경쟁력 향상을 위해서는 먼저 사립대학의 운영 투명성을 높여야 한다는 주장을 하는 경우가 많다. 그러나 현재 사립대학들이 '경쟁무기력증'에 빠져 있는 가장 일차적인 원인은 사립대에 대한 국립대 우위의 체제 그 자체에 있다. 유수한 사립대들이 아무리 노력해도 국립대학 우위의 벽을 넘을 수 없는 한계 속에서 좌절하고 있다. 또한 지역 단위로도 사립대에 재학 중인 학생들이 저렴한 등록금을 찾아 이웃하는 국립대로 편입해감으로써 사립대를 어렵게 하는 것도 같은 맥락이다.

또한 사립대의 경쟁력을 높이기 위해서는 국가의 간섭을 줄여야 한다. 별로 도와주지도 못하면서 시시콜콜 간섭하고 감독하고 공문이나 내려 보내는 관료주의는 하루 빨리 청산되어야 한다. 대학 교육에 관한 지원업무는 아예 교육인적자원부에서 떨어져 나와 별도의 위원회로 구성되어야한다. 사학의 부실과 부패는 경쟁무기력증의 원인이 아니라, 고착된 서열구조와 국가의 과도한 통제 속에서 독자적인 교육활동의 의욕을 잃고 아울러 생존도 보장됨에 따라 나타난 부정적 결과물로 보아야 한다. 진정한 경쟁 체제가 조성되고 시장의 퇴출 압력이 있는 곳에서 사학의 부패는 현저히 줄어들 것이다. 그리고 대학 간 M&A도 자연스럽게 이루어질 것이다. 물론 사학의 운영이 압도적으로 소비자인 학생의 등록금으로 이루어지는 상황에서 외부의 회계감사에 의한 재정운용의 투명성은 보장되어야 한다.

끝으로 이러한 주장에 대해 빈번히 부딪히는 두 가지 반론에 대해 답하고자 한다. 하나는 지방의 우수 학생들이 지방 국립대학을 외면하고 서울의 유수 사립대학에 진학하는 현실에서 국립대학이 사립대학에 대해 우위를 가진다는 설명은 잘못되었다는 비판이다. 한번은 한 지방 국립대의 교수가 '서울대는 사립화 되어야 한다'라는 칼럼을 일간지에 썼기에 불원천리하고 찾아가서 만나보았다. 그러나 그 분은 사회의 상층부가 주로 들어가는 서울대는 사립화 되어야하지만 지방 국립대는 지방의 어려운 학생들에게 배움의 기회를 주는 역할을 하고 있으므로 독자적 의의가 있다면서 국·사립대학 이원론을 지지한다는 것이었다. 반면에 필자가 잘 아는 국립대 교수는 이웃하고 있는 사립대와 등록금 액수가 같아지면 자기들은 발 뻗고 자기 힘들 것이라고 솔직히 말하는 것을 들었다. 필자는 전국 단위로는 국립중앙대학인 서울대가, 지역단위로는 지방 국립대학이 그 지역의 사립대에 대해 맏형 노릇을 하는 구조는 동일한 것이라고 본다. 다만 지방과 수도권의 격차에 따른 수도권 집중은 행정수도 이전 논란이 보여주듯이 교육문제보다 더 큰 난제이며 이의 해결을 위한 노력을 경주하되, 동시에 지역 단위에서라도 공정한 경쟁 질서를 확립하기 위한 노력은 계속해야 한다.

또 하나는 학벌주의의 우상이라고 할 수 있는 국립서울대에서 국립의 모자를 벗겨 설령 그 위상이 약화된다 하더라도 그 자리를 그 밑의 유수사립대학이 승계하게 되어 또 다른 서울대가 생기는 것에 불과할 뿐 대학의 서열체계는 변하지 않을 것이라는 반론이다. 그러나 이것은 피상적인 견해다. 대학 간 서열체제를 유지시키는 힘은 국가에서 나오는 것이기 때문에 국가가 손을 떼면 자연스레 대학들 내에 활발한 경쟁의 압력과 동인이 생겨날 것이다. 지금의 유수 사립대 간의 경쟁은 어차피 1등은 포기한 경쟁이기 때문에 엄밀히 말하면 경쟁이라고 할 수도 없는 것이다. 10여 개의 대학이 명문군을 이루어 저마다 개성과 자부심을 갖고 활발히 경쟁한다면 입학경쟁의 압력도 낮아지고 대학의 경쟁력도 높아질 것이다. 일본열도에 혼자 삐죽이 솟아있는 후지산보다는 고산준봉들이 도열해있는 히말라야 산맥의 모습이 우리 대학의 미래가 되어야 하리라.

제 4 부 해법을 찾아서

개 관

제4부에서는 한국 교육 문제의 해법들을 논해본다. 필자가 말하는 해법은 이미 앞서 밝혔으므로 이 장에서는 개혁의 방향을 제시하는 이론가의 저서나 실무가들의 운동의 한계를 지적해봄으로써 필자의 입장을 보다 분명히 하고자 하는 것이다.

일찍이 《서울대의 나라》(1996)라는 책을 발간해 학벌문제를 공론화하는 데 개척적 역할을 한 강준만 교수가 근래에 쓴 《입시전쟁 잔혹사》(2009)라는 책을 분석하여 주장의 한계를 살펴보았다. 이어 철학자 김상봉 교수가 쓴 《학벌사회》(2004)라는 책에 대한 감상을 적어보았다. 그 외 운동가들이 쓴 몇 권의 책들은 교육문제를 지나치게 사회 공학적으로 접근하는 것으로 생각되어 강하게 비판했다. 필자의 교육운동 과정에서 인연을 맺은 한완상 전 교육부장관의 학벌의식 개혁운동에 대한 소감도 피력했다. 그리고 스타 학원강사에서 교육평론가로 변신하여 주목을 끌고있는 이범씨의 《교육특강》(2009)이란 책을 읽고 제시된 대안에 대하여 비판을 가했다. 최근 출판되어 독일에서의 학부모의 경험을 기초로 독일교육의 장점을 드러내고 있는 박성숙씨의 책을 읽고 독일교육의 한계를 지적해 보았다. 우연히도 이 장에서 필자가 비판적으로 다룬 대안들은 대부분 이른바 좌파적 성향을 보이는 것들이다. 이러한 좌파적 해법의 문제가 무엇인지를 잘 드러내는 필자의 대담록을 마지막에 실었다. 한 신문사에서 필자와 국립 경상대 정진상 교수와의 대담을 주선하였는데, '국 공립 통합네트워크'등 좌파적 대안을 제시하는 대표 주자인 정진상 교수와 필자와의 치열한 논쟁은 오늘 우리 교육문제의 근본 해법에 대한 시각의 차이를 잘 드러내고 있다고 생각된다.

강준만의 《입시전쟁 잔혹사》: 'SKY'의 정원을 줄이자

강준만 교수는 참으로 대단한 사람이다. 필력도 필력이지만 그 정력에는 탄복한다. 나 같은 사람이 칼럼 하나 쓰는 것이 강교수에게는 책 한 권 쓰는 것과 같은 일인 듯하다. 관심의 영역도 다양할 뿐더러, 쉽고 강렬하게 논지를 전개하는 솜씨는 잘 알려져 있다. 다양한 사회 현상에 대해 팬시한 이름을 붙여 사회적 의제로 떠오르게 하는 능력도 탁월하다. 강준만 교수의 이러한 초인적인 작업에는 그가 치밀히 관리하는 엄청난 분량의 자료실이 발전기 역할을 하고 있다고 한다. 그의 책에는 갖가지 자료들이 빼곡하게 들어가 있다.

그러나 그의 작업에 대해 덧붙이고 싶은 말도 있다. 어느 교수는 강준만 교수가 논쟁을 할 때 신문 스크랩 뭉치를 들고 그 분야의 전문가와 맞붙으려 한다며 조롱투로 말한 기억이 난다. 사실 그의 글은 다종다양한 인용문이 태반인데 그것들의 주된 출처는 일간지의 칼럼들이다. 또한 해당 분야의 주요한 단행본들도 힘닿는대로 섭렵하려고 하는 성실성도 돋보인다. 이 분이 우리 사회에 던지는 수많은 의제들은, 상당수는 계속하여 여러 버전으로 반복되는 것이기는 하지만 우리 사회의 진보를 고민하는 지식인이라면 당연히 관심을 가질 것들이다. 문제는 그 깊이에 있다. 강교수는 자신의 상식적 판단을 대단히 신뢰하는 것 같다. 상식과 정의감으로는 해당 분야의 문제점을 짚어내고 의제화하는 데는 어느 정도 어필할 수 있지만 그에 대한 설득력 있는 해결책을 제시하는 데는 상식을 넘어선 안목과 통찰력이 필요하다. 이러한 안목은 통상적으로 많은 문제에 관심을 표현하는 팔방미인에게는 생겨나기 쉽지 않다. 그러기에 각 분야의 전문가들이 필요한 부분이 있다.

강준만 교수가 최근에 출간한 교육 문제에 관한 단행본 《입시전쟁 잔혹사》(2009)는 책이라는 형식을 빌린 '슬라이드 쇼'라는 느낌이 들었다. 조선 시대부터 2008년까지 우리 교육의 역사를 본인이 수집한 가장 극적인 장면만을 추려서 숨 쉴 틈 없이 보여주는 것이었다. 이미 1996년에 《서울대의 나라》라는 책을 내면서부터 수집해온 수많은 꼼꼼한 자료와 수많은 인용문의 배치, 그리고 자극적인 소제목들은 대부분이 일간지 등에서 수집된 것이기는 하나 저자의 성실한 노력과 일가를 이룬 편집능력을 보여주고 있는 것은 인정해야 할 것이다.

슬라이드 쇼라는 면에서는 저자의 의도는 약간의 목표를 달성한 듯하다. 제목대로 우리의 교육이란 입시로 대표되고 그것은 '학벌과 밥줄을 건 한판 승부'인 전쟁이며 매우 잔혹한 것이라는 강렬한 인상을 독자들에게 주고 있다. 그러나 이런 주제는 그간 많은 르포 동영상으로 소개된 바 있고, 이 책은 그런 동영상 중에서 가장 강렬한 부분을 편집하여 연대기적으로 보여주고 있다고 할 수 있다. 그러나 필자는 이러한 쇼의 효과에 대해 의문을 가진다. 가령 조폭 영화도 너무 많이 나오다보니 초기의 〈말죽거리 잔혹사〉 같은 영화가 하품 나오는 구닥다리 필름이 된 것처럼, 우리 교육의 변태적(?)인 측면을 부각하는 것도 이제는 별로 새로운 소재가 되지 못하는 것 같다.

문제는 역시 가능한 대안의 모색에 있을 것이다. 이 책도 마지막 몇 쪽에 걸쳐 나름의 대안을 말하고 있다. 그러나 그 몇 쪽에서도 사설을 빼고 대안의 핵심적인 내용이 무엇인가를 알기 위해 나는 어쩔 수 없이 연필을 들고 여기저기 밑줄을 그으면서 짜깁기를 해야만 했다. 우선 그 내용을 정리해보자.

SKY 출신의 사회요직 독과점이 입시전쟁의 주범이다. 그 배경은 SKY가 배출하는 학생 수가 너무 많다는 데 있다(학부생 기준 재학생 수가 연대 · 고대 약 26,000명, 서울대가 21,000명). 따라서 SKY 정원을 단계적으로 대폭 줄여 소수정예주의로 만들어야 한다. SKY의 기존 인해전술이 사라진 공백을 놓고 다른 대학들이 치열한 경쟁을 하게 되고 SKY를 향한 '입시 병목현상'이 크게 완화될 수 있다. SKY의 독과점 파워가 약해지면서 엘리트 충원 학교가 수적으로 대등한 수십 개의 대학으로 늘어나면 대학서열의 유동화가 일어나게 되고 대입 전쟁의 열기를 대학에 들어간 이후로 분산시킬 수 있다. 이렇게 하여 각 분야별로 엘리트 출신 대학의 구성이 다양화되면 이는 '패자부활전'을 당연시하는 풍토를 조성할 것이고 이는 대학입시의 경쟁을 약화시키고 중등교육을 정상화시키는 데 기여할 것이다. 요컨대 일극 또는 삼극체제에서 다극체제로 전환을 꾀해야 한다.

대략 이런 요지다. 예컨대 현재 주요 분야에서 60-70%를 SKY가 가져가고 있다면, SKY의 배출 학생 수를 약 절반 정도로 대폭 줄이자는 것이다. 이렇게 되면 SKY 출신들의 요직 점유율이 30-40%로 낮아질 것이고, 그 빈 부분을 비SKY 출신들이 점유할 여지가 생기고 그리되면 꼭 SKY를 나오지 않아도 본인 노력에 따라 엘리트 시장에 진출할 기회가 넓어질 수 있다는 말이다.

물론 이것도 하나의 대안이다. SKY의 위력은 서열상의 위치뿐만 아니라 압도적인 쪽수에도 있기 때문이다. 아직 우리 사회에서 힘은 쪽수와 비례하는 측면이 있다. 역시 이 대안에도 문제는 실천의 동력을 어디서 얻는가이다. 교수도 이렇게 말한다. "이게 정답이긴 하지만 실천하기는 어렵다. 명문이라는 이유만으로 특정 대학들의 '소수정예화'를 교육 정책으로 삼긴 어렵다는 게 가장 큰 이유다. 그러나 발상의 전환을 해야 한다"고 한다.

무릇 모든 조직체는 하나의 생물이어서 끝없이 자기번식을 하고 팽창하려는 속성이 있고, 우리 대학들에게도 질 관리를 위해 이러한 팽창을 스스로 억제할 수 있는 자제력을 기대하기는 힘들 것이다. 'SKY' 대학들의 캠퍼스를 가보면 오늘도 높고 화려한 건물이 경쟁적으로 올라가고 있고, 등록금이 주 수입원인 사학들은 학생 수가 줄어드는 것이 가장 치명적인 것이어서 정원 감축은 가장 받아들이기 힘든 선택지다. 문제를 해결하기 위해 앞서있는 집단에게 사회적인 압력이든 정부의 리더십이든 행사해서 가진 것을 내놓게 하고 이것을 후발 집단에게 나누어준다는 사고라는 점에서 보면 이는 저자가 신랄히 비판하는 이른바 '진보적 근본주의자'들의 사고와 상통하는 것이다. 누가 무슨 힘으로 SKY로부터 학생 정원을 빼앗아 올 것인가?

더 근본적으로 저자의 시각에서 문제 삼고 싶은 것은 'SKY'라는 용어다. 여러 차례 지적한 바와 같이 서울대와 연·고대는 병렬적으로 비교될 수 있는 위치가 아니다. 서울대와 연·고대의 간격은 연·고대와 비SKY의 선두그룹들과의 간격과는 비교할 수 없이 크다. 따라서 대학시장을 경쟁적으로 만들자면 SKY에서 국가학벌인 서울대를 분리해, 세금을 쓰는 기관으로 별도의 취급을 해주면 사립대학들 간에는 자연스레 경쟁적인 환경이 조성될 것이다. 이것이 원리적으로 맞고 당사자들에게도, 일반 국민들에게도 설득력이 있지 않겠는가.

강준만 교수는 필자의 글도 여러 부분에 걸쳐 인용하고 있고 특히 〈한겨레〉에 실린 필자와 정진상 교수의 토론도 길게 인용하고 있다. 그리고 나의 서열유동화론도 지지한다고 하면서 정진상 교수와 같은 '진보적 근본주의자'들이 오히려 상황을 더 악화시킨다는 비판도 신랄하게 했다. 그러나 강교수는 필자의 글에서 더 핵심이 되는 국가학벌의 문제 즉 국가의 역할에 대한 논의는 별로 관심을 두고 있지 않다. 혹시 교수가 국립대학에 재직하고 그 혜택을 누리는 위치에 있어서 이 문제에 둔감하거나 아니면 거시적 안목이 부족하여서 그런 것인가 추측할 뿐이다. 그러나 우리 교육의 근본적 문제인 특정 학벌의 엘리트 독과점은 국립중앙대학인 서울대의 문제로 환원된다. 즉 서울대가 그들이 모델로 삼는 하버드나 옥스퍼드가 아니라 바로 북한의 김일성종합대와 동일한 위치에 있다는 구조적인 문제에서 나오는 것이다. 즉 교육의 국가주의, 전체주의, 파시즘이 문제인 것이다.

김상봉의 《학벌사회》: 학벌의식의 비극

김상봉 교수의 《학벌사회》(2004)라는 책이 출간되었다는 짧은 서평을 신문에서 읽고, 한번 읽어보아야겠다는 생각보다는 가끔 인터뷰 등에서 들어서 익숙한 과격한(?) 내용들—예컨대 독일식으로 대학을 평준화해야 한다는 등—을 담고 있겠거니 하는 생각이 먼저 들었다. 막상 책을 구해서 읽어본 소감은 기대 이상이었다.

이 책이 귀한 것은 우리 지식인이 우리의 말로써 우리의 문제를 치열하게 고민한 많지 않은 책들 중 하나이기 때문이다. 우선 김교수가 다루고 있는 학벌사회라는 주제 자체가 한국 사회의 특유한, 그러면서도 우리 사회의 구성과 작동원리에 결정적인 영향을 끼치는 것이기 때문이다. 교수는 곳곳에서 학벌문제가 그동안 우리 학자들에 의해 학문적으로 진지하게 제기되지 않았다는 점 자체에 대해서 분개하고, 이것이 또

한 우리 학문의 식민성 즉 '자기 스스로 자기의 문제에 대하여 물음을 던지는 일에는 상상할 수 없을 만큼 무능력한' 사실과 연결된다는 점을 고발하고 있다.

김상봉 교수는 철학자다. 독일에서 칸트에 대한 연구로 철학박사 학위를 받고 귀국한 뒤 학계의 주목을 받은 여러 권의 연구서를 내놓은 바 있다. 한때는 '학벌서열이 낮은 대학에 다니는 학생들의 교수'인 적도 있었고, 재야 철학자로서 활발히 활동하다 몇 해 전에 전남대의 초빙을 받아 교수로 재직하고 있다. 이 분의 일관된 주제는 '주체' 또는 '주체성'이라는 개념이다. 귀국하고 처음 낸 책이 《자기의식과 존재사유 : 칸트철학과 근대적 주체성의 존재론》이고, 근래에 학계에서 주목을 받았던 《나르시스의 꿈 : 서양정신의 극복을 위한 연습》에서는 '서로주체성'이라는 개념을 선보이며 '홀로주체성'에 머물러 자기를 상실할 줄 모르는 서양 정신을 '병든 나르시시즘'이요 '불임(不姙)의 정신'이라고 비판하기도 했다.

《학벌사회》라는 책에도 '사회적 주체성에 대한 철학적 탐구'라는 부제가 붙어 있다. 부제에서 보듯이 김교수는 '학벌사회가 무엇인가'라는 물음에 대한 근본적인 분석에 자신의 주 전공인 주체성의 이론을 적용한다. 필자의 매우 피상적인 이해에도 불구하고 이를 요약해 보면, 대체로 이러한 내용인 듯하다. 인간은 자기 자신과 마주섬, 즉 자기의식에 의해 비로소 주체가 되는데 이러한 주체성은 유한한 인간에게는 타자적 관계, 곧 타인과의 만남을 통해 발생한다. 즉 나는 고립된 자기 관계가 아니라 너와의 관계 속에서 우리가 됨으로써만 주체가 될 수 있는데 김상봉 교수는 이를 '서로주체성'이라고 칭한다. 서로주체성이란 내가 오직 '우리', 즉 사회 속에서만 내가 될 수 있다는 것이고 이 점에서 서로주체성은 사회적 주체성 속에서 현실화된다. 이러한 사회적 주체성의 첫 번째 현실태가 가족이다. 그러나 진정한 사회적 주체성이 달성되기 위해서는 '우리' 사이에 역사와 이상의 공유가 있어야 하는데, 자연적 공동체인 가족은 이것이 결여되어 있기 때문에 극복되어야 하고 우리는 이른바 '인륜적 공동체'로 나아가야 하는 것이다.

이러한 맥락에서 김교수는 학벌을 이렇게 정의하고 있다. "어쩔 수 없이 생물학적 가족의 품을 떠나 사회 속에 던져진 개인은 사회 속에서 가족적 유대를 확인하지 못하고 정서적 불안감에 빠져들게 되는데, 학벌은 그런 퇴행적 개인들이 사회 속에서 느끼는 불안감을 제거하기 위해 만들어낸 사회적 가족이다. 즉 학벌은 자기의 동일성을 지양(止揚)하지 않고 단순히 확장하려 하는 의지가 만들어낸 유사(類似)가족이다." 김상봉 교수를 처음 만났을 때 '학벌은 현대판 문중'이라고 말했던 것을 기억하는데, 결국 이 책은 그 명제에 대한 철학적 해석이었던 셈이다.

교수는 특히 학문과 진리의 탐구라는 표어를 내건 가장 고상한 인륜적 공동체인 대학이 어떻게 가장 타락한, 저자의 표현으로는 '공동주체성의 비본래성'으로 떨어진 학벌의 온상이 되었는가를 논증하기 위해 유교 문화의 분석에 날카로운 메스를 들이댄다. 우리의 전통 사회에서 학문의 영역은 언제나 권력과 뗄 수 없이 결합되어 존립했으며, 그리하여 "전통 사회에서 권력을 생산하는 실질적 바탕이 가족이었다면 권력을 재생산하는 형식이 바로 학문이었다"고 정의하고, 이러한 학문과 권력의 도구적 결합이 현재의 학벌 체제의 역사적 시원(始原)이라고 명쾌하게 설파하고 있다. 이런 점에서 김교수가 볼 때 현재의 대학은 '학문의 요람이 아니라 출세와 권력 획득을 위한 베이스캠프'의 역할을 하고 있다. 그리하여 저자는 다소 어려운 철학적 개념으로 학벌의식의 비극성을 이렇게 고발하고 있다.

학벌의식이란 개인이 학벌집단 속에서 자기의 주체성을 확립하는 것이 아니라, 자기의 주체성을 스스로 포기하고 양도함으로써 정립된다. 본질적으로 주체인 개인이, 그리하여 사회 속에서 자기의 주체성을 이제 구체적으로 구현해 나가야 할 인간이 사회적 존재를 확보하기 위해서 불행하게도 자기의 주체성을 스스로 양도하는 것이야 말로 학벌의식의 참모습이다. ……이처럼 개별적 주체가 자기의 주체성을 양도하고 집합적 주체의 속성으로 전락하는 것이야 말로 학벌의식의 비극인 것이다.

이제 교수의 논지는 이러한 학벌 사회가 가져다주는 폐해로 이동하는데 그것은 무엇보다 교육 특히 중등교육의 파탄이다. 이러한 문제를 해결하기 위해 교수는 자신의 철학적 교육관에 대해 설명하는데, 그의 깊은 사유에서 나온 교육론은 곳곳에서 아름다운 문체로 빛나고 있다. 예컨대 "교육은 한 사람 한 사람의 고유한 개성을 잠자는 가능성의 상태에서 활동적 현실성의 단계로 이끌어 올리는 작용이다", "진정한 교육은 유위(有爲)에서 시작하지만 무위(無爲)의 교육에서 완성되는 것이다", "아름다움이 감성적 욕망의 직접적 대상이 된다는 것이야말로 아름다움을 모든 도야(陶冶)의 가능근거로 만들어주는, 그것의 비할 나위 없는 미덕이다" 등등. 이러한 저자의 교육관에 비추어 볼 때 시험의 노예가 된 우리의 교육이란 '정신의 노예화 과정'에 불과한 사이비 교육일 뿐이다. 우리의 교육 현실을 그 근본에서부터 반성적으로 고찰하는 계기가 되는 텍스트로서 손색이 없다.

몇 해 전 만남에서 언젠가 '한국 사회의 불평등 기원론'라는 책을 써보고 싶다던 김교수의 말이 기억난다. 그는 우리 사회의 불평등과 억압의 가장 근본적인 기제로서 학벌이라는 화두를 잡고 수년간 '학벌없는 사회'라는 시민 단체도 만들어 이끌어오면서 시민운동의 일선에서 실천적으로 고민해왔다. 교수는 이 책에서 그 고민을 자신의 철학적 숙제이기도 한 주체성의 개념에 기대어 치열하게 분석하고 있다. 그러한 그의 고민이 깊은 철학적 사유 속에 녹아 물처럼 흐르는 이 책은 우리 사회에 대한 깊은 통찰의 시각을 열어주는 책이다. 이런 점에서 이 책은 철학적 사고야말로 우리의 현실에 대한 이해와 분석에 유용한 것이며, 가장 철학적인 것이 또한 가장 정치적일 수 있다는 것을 잘 보여주는 사례라고 할 수 있다. 마르크스는 "철학자들은 세계를 단지 다양하게 해석해왔을 뿐이다. 그러나 문제는 세계를 변화시키는 일이다"라는 말을 남겼다. 철학자인 김교수 역시 학벌 사회를 엄밀하게 해석하는 일로 끝나지 않고 이 학벌사회를 변화시키는 방법의 모색으로 이 책의 끝을 장식하고 있다. 그에 따르면, 학벌 타파의 이념적 · 실천적 대안은 그 원인에 대한 분석에서 필연적으로 또 논리적으로 도출되는 것이다.

사실 이 부분에 이르면 필자의 마음은 조금 불편해진다. 필자도 나름대로 학벌 문제에 대해 관심을 갖고 고민하며, 특히 사회과학도로서 어떻게 하면 이 문제를 조금이나마 개선할 수 있을 것인가에 대해 기회 있을 때마다 여러 대안을 제시하여 왔기 때문이다. 그러나 김상봉 교수의 입장에서는 이러한 필자의 대안은 불만스러운 정도를 넘어 '자격 없는 의사가 질병을 더욱 악화시키는 처방을 제시'하는 꼴이다. 사실 사회적 문제의 원인은 여러 측면이 있고, 같은 원인 진단으로부터도 여러 다른 처방이 나올 수 있을 것이다. 의학적으로 동일한 질병에 대한 처방으로 한의사와 양의사는 전혀 다른 패러다임에서 접근하게 되고 같은 양의라 하더라도 당장 수술을 할 것인지 투약을 할 것인지 등은 환자의 상태나 부작용의 위험성 등 여러 요소를 고려하여 현재 환자에게 가장 효과적인 방법이 무엇인지를 고민하게 되는 것이다.

대학의 평준화와 특정 대학의 권력독점 제한을 핵심으로 하는 김교수의 처방을 보면서 필자는 그것이 발본적(拔本的)이라기보다 오히려 대증적(對症的)인 처방이라는 느낌을 받았다. 철학자로서는 논리적 필연이겠지만 사회과학자로서는 사회의 문제에 대한 직접적이고 대응적인 해법의 모색은 대체로 그 부작용이 더 많다는 것을 직감으로 느끼기 때문이다. 또한 문제해결을 위한 추동력을 현재의 우리 사회에서 끌어낼 수 있는 것인가 하는 현실적 가능성의 문제를 먼저 검토해보는 것도 필자가 갖는 또 다른 시각이다.

사회과학도의 입장에서 필자는 학벌의 형성과 팽창에 대한 국가의 역할을 일관되게 언급해왔다. 우리의 학벌은 '현대판 문중', 즉 봉건 시대 문벌의 연장이기도 하지만 또한 일제의 왜곡된 국가주의의 산물이기도 하다. '학벌의 이데아'인 서울대학교의 전신은 경성제국대학인데 이것은 일본제국주의의 국가적 프로젝트의 일환으로 세워졌다. 이처럼 대학이 국가권력에 종속되고, 나아가 국가주도세력의 후계를 양성하는 기능을 담당하게 된 것이다. 김상봉 교수가 학벌 문제의 처음이요 마지막이라고 보는 서울대라는 학벌은 정확히 말하면 '국가학벌'인 것이다. 즉 일정한 집단이 공공성의 상징인 국가의 이름을 업고 국가권력을 독점하는, 말하자면 '한국판 노멘클라투라'를 형성해 온 것이다. 이런 시각에서는 당연히 그 해법도 이러한 과도한 국가주의를 타파하는 것이 바로 학벌 문제를 해결하는 근원적 핵심이라고 보게 되는 것이다.

교육 문제에 대한 사회 공학적 접근의 위험성

이정규, 《한국사회의 학력 · 학벌주의 : 근원과 발달》 (2003)

김태수, 《학벌, 디지털 대한민국의 그 마지막 굴레》 (2003)

하재근, 《서울대학교 학생선발지침》 (2008)

학벌 문제에 대해 외롭게 떠들고 있는 것은 아닌가 하는 막막함이 들 때가 많은 필자에게, 학벌문제를 다룬 몇 권의 단행본이 발간된 것은 여간 반가운 일이 아니다. 그러나 결론부터 말하자면 필자는 위의 몇 권의 책에 상당한 실망을 느끼지 않을 수 없다. 위 책들이 다 학벌 문제에 대한 논의의 심도를 더하고 저변을 넓히는데 기여하는 바가 적다고 보기 때문이다.

먼저 교육학자인 이정규 박사의 책은 '근원과 발달'이란 부제가 말하듯이 학벌주의의 역사적 배경과 생성과정을 밝히는 데 중점을 두고 있다. 이정규 박사는 멀리 고려 시대부터 시작해서 조선 시대, 구한말, 일본 강점기, 미군정, 그리고 대한민국은 다시 제1기 문민정부–군사정부–제2기 문민정부로 나누어 기술하고 있다. 필자가 보기에 그것은 크게 왕조 시대와 그 이후로 양분될 수 있는데 그 구분의 기준은 과거 제도가 지배하는 시대와 학교 교육이 지배하는 시대의 구분이다.

이정규 박사는 과거 제도의 역기능을 요약하여 학문의 권력화 내지 출세도구화, 소수 특권층에 의한 학문의 독점화, 당쟁의 근원 제공, 공교육 기관의 부실화, 사교육 성행, 양반 계층의 조기교육열풍 등을 열거하고 있다. 그 폐해들은 바로 변용된 모습으로 현재 우리의 교육이 당하고 있는 고통의 목록과 차이가 없다. 개화기 이후에는 근대적인 학교 교육제도가 도입되고 학력의 사회적 활용이 제도적으로 뒷받침되면서 학교력 중심의 학력주의 즉 학력의 제도화가 정착되어 갔다. 일제 강점기에는 여러 분야의 직업에 입직하기 위한 자격조건과 규정에 학력을 명문화함으로써 이를 강화하여 결국 학교 졸업장이 일종의 '신임장' 역할을 하게 되었다고 한다. 이러한 학교력의 정점에 서는 것은 일제가 1924년에 세운 경성제국대학이었고 이것이 경성대학을 거쳐 국립서울대학교로 탄생함에 따라 국가 관리의 학교력 체제는 강화되어 갔고 이는 군사정부에서 더욱 심화되었다고 한다.

이 책은 사적 고찰을 마친 후에 돌연 갖가지 대안들을 속사포처럼 쏟아놓고 있다. 그 중에는 출신 대학까지 포함하는 할당제의 실시라든가, 국립대학 교수의 강제순환 등과 같이 매우 강력한 국가의 간섭에 의한 통제가 필요한 정책들도 있다. 그런데 이정규 박사의 사적 고찰을 통해 필자가 얻을 수 있는 교훈은 그가 제시한 정책 방향의 철학과는 반대되는 것이다. 과거 시험이건 학교력이건 공통되는 것은 바로 국가의 역할이다. 국가가 세운 국립대학을 정점에 세워놓고 국가가 직접 실시하는 시험을 통해 점수를 매겨 최우수성적을 얻은 자들을 국립대학에 배치하고, 이곳의 졸업자들을 국가권력의 계승자로 특권화 하는 것은 과거 시험과 그 메커니즘이 다른 것이 없다. 학벌의 형성과 그 폐해가 국가의 역할과 불가분의 관계에 있다면 학벌주의를 해소하기 위한 접근방법도 국가의 간섭의 강화를 통한 것이 아니라 민간에 더 큰 위임을 하는 것을 통해 고등교육에서 경쟁과 다양성이 증진되는 방향으로 이루어져야 한다. 그런데 이정규 박사의 정책 대안들은 지금보다 더 철저한 국가 관리 체제의 등장을 의미할 뿐이다.

그리고 김태수 교수의 얇은 책도 학벌 문제에 대한 절제되지 않은 분노의 글들로 채워져 있다. 그리고 대안으로 제시되는 실업 교육의 정상화, 서울대의 대학원대학화, 국립대의 평준화, 사립대의 공공성 제고 등에 대해서도 위에서 제기한 비판이 그대로 해당된다. 더구나 김태수 교수는 사립대학이 더 많은 국가 보조와 국가 개입을 통해 실질적으로는 공공대학으로 전환되어야 하고, 사립대학을 아예 국가에 헌납되어야 하는 '불필요한 존재'로 규정하고 있다.

같은 경향의 책이 최근에 한 권 더 나왔다. '학벌없는사회'라는 모임의 사무처장인 하재근 씨가 낸 책으로 제목은 《서울대학교 학생선발지침》(2008)이다. 하재근 씨도 이 책에서 대학서열 체제는 한국 사회의 모순 구조가 응결된 것이라서 이 지점을 타격하면 한국 사회가 토대부터 흔들릴 것이라며 시민들에게 수요자로서, 경제 주체로서 자기 자신의 욕망에 맞서 싸울 것을 호소하며 그 대안으로서 대학 평준화를 제시하고 있다.

필자는 학벌 문제를 해결한다고 하면서 근본주의적이고 사회공학적인 접근을 하는 자들이야 말로 오히려 그 해결의 길을 막고 있다고 생각한다. 이러한 주장들이 바로 학벌을 타파해야 한다는 주장을 평등 지상주의니 포퓰리즘이니 하며 비난받게 하는 구실을 주기 때문이다. 학벌 문제의 핵심은 서울대라는 초거대학벌의 존재이며 이는 공정한 경쟁의 결과라기보다는 이른바 국가학벌이 국가의 자원과 권력을 독점하고 사유화하고 있다는 점에 기인한다는 것이다. 몇몇 유수한 사립 학벌은 우리 사회가 이러한 국가학벌의 폐해를 직시하지 못하도록 오도하고 있으며 스스로도 착오에 빠져있거나 학벌 구조에 기생하고 있다.

요컨대 필자는 우리 사회에서 국립서울대의 위상은 북한에서 김일성종합대학의 위상과 대응구조를 이룬다는 것, 그리하여 우리사회가 교육 분야에서는 여전히 스탈린적 전체주의의 모습을 띠고 있다는 것에 대한 문제의식이 학벌문제 해결의 출발점이라고 생각한다.

한완상 전(前) 교육부 장관 :
학벌의식 개혁운동의 한계

2001년 봄인가 한완상 선생이 교육부 장관 겸 부총리로 취임한지 얼마 되지 않은 시점에 장관 비서실로부터 만나자는 연락이 왔다. 점심을 함께 하며 우리 교육 특히 학벌 문제에 대해 많은 이야기를 나누었다. 나중에 알게 된 일이지만 한장관은 취임하자마자 평소의 소신대로 학벌 문제를 교육 문제의 핵심으로 보고 이를 정책화하기 위하여 고심하던 중이었는데, 마침 한 직원이 그즈음에 출간된 필자의 책 《한국의 학벌, 또 하나의 카스트인가》(2001)라는 문고판 책을 소개하여 그것을 읽으면서 어쩌면 자기와 이렇게 생각이 같은가 하며 무릎을 쳤다고 한다. 그 후 항상 차에 필자의 책을 가지고 다니며 읽고 있다는 이야기를 듣고 마음이 뿌듯했다.

2001년 한 해 동안 장관으로 재직하면서 '학벌 문제'에 천착했던 한완상 장관은 여러 반발에 부딪히고 보수 언론의 구설수에 자주 오르내렸다. 결국은 그 해 수능파동의 유탄을 맞아 1년 만에 장관직을 그만 두었고, 그 후 한성대학교 총장으로 초빙되었다. 2002년 11월 필자는 세 번째 칼럼 모음집 《서울대가 없어야 나라가 산다》를 출간하면서 한완상 총장께 추천의 글을 부탁드렸고 흔쾌히 응해주셨다.

한장관의 초기 저작인 《민중과 지식인》이란 책을 젊은 시절 읽으며 지식인의 자세에 대해 느꼈던 것이 어렴풋하게 기억나는데, 이 분은 기본적으로 생각이 열리고 마음이 따뜻한 분이다. 서울대 교수를 지낸 분으로서 서울대 출신으로서의 자기부정에 가까운 사고와 표현을 거침없이 할 수 있다는 것이 그리 쉬운 일이 아닐 것이다. 그 분과의 대화 가운데 기억에 남아서 필자가 가끔 써먹는 말이 있다. "일본에는 후지산 하나가 비쭉이 솟아있어 다 그 산만 쳐다보는데, 히말라야에는 수십개의 비슷비슷한 고산준봉이 도열해있지 않느냐고." 즉 서울대가 혼자 솟아있는 우리나라의 대학 체계를 비판하고 히말라야 연봉처럼 저마다 특색 있는 많은 대학들이 경쟁하는 모습을 이야기 했던 것이다.

한완상 전 장관은 우리 교육의 근본적인 문제를 압축한 개념으로 '학벌주의'를 들고 나왔고, 그는 학벌주의란 '특정 대학의 입학이 출세를 보장한다는 일반인의 신념'이라고 했다. 그리고 이러한 학벌의식을 바꾸기 위한 여러 정책을 시도했다. 우선 눈에 띄는 것은 다양한 캠페인성 행사다. 학벌주의를 극복한 수범 사례를 공모하여 시상하고 사례집을 만들어 각 기관에 배포했다. 또 학벌문화 타파를 위한 표어 및 포스터를 공모해 시상하고 그 표어를 각종 공공게시판에 띄우기도 했다. 또한 학벌 관련 시민단체의 행사를 지원하고 각종 토론회를 개최하기도 하고 학벌문화 타파 시범학교를 전국적으로 지정하고 사례 발표회를 갖기도 했다. 또한 전경련 등을 방문해 기업의 고용 시 학벌 위주의 선발을 지양해 줄 것을 호소하기도 했고 그 일환의 하나로 입사 지원서에서 학력란을 없애자는 안이 나오기도 한 것이었다.

참여정부는 이를 이어받아 역시 학벌 타파를 교육 문제이자 또 차별 해소와 평등사회 구현이라는 측면에서 중점적으로 다루었다. '학벌주의 극복을 위한 합동기획단'이라는 범정부적 기구를 만들어 가동시키고 그 결과로 2004년 4월 '사회계층 간 통합과 능력중심사회 구현을 위한 학벌주의극복 종합대책'이라는 것도 내놓았다. 거기에는 능력중심 인사관리 정착이니 학벌 차별 해소를 위한 제도와 관행의 해소니 사회적 인식 개선이니 하는 것들이 주를 이루고 있다.

그러나 한장관의 학벌 운동은 그다지 성과가 있었다고 보기는 어렵다. 그가 장관직을 떠나면서 추진하던 일들이 대부분 흐지부지 되어버린 느낌이다. 근본적으로 그가 의분과 열정을 갖고 추진한 의식개혁 운동이라는 방향이 학벌 문제의 핵심을 짚지 못한 것이 아닌가 한다. 이에 대해서는 강원대의 이종각 교수가 "국민의 교육관과 교육열을 탓하고 캠페인도 벌리는 것은 무지하게 엘리트주의적인 방식이다. 이것은 계몽주의적 발상이며 이러한 도덕적인 주장으로는 문제해결을 할 수 없다. 이기주의적이고 자연스런 행동을 공공도덕의 논리로 교화시키는 것은 불가능하다"라고 한 비판이 적절하다.

학벌 문제의 열쇠는 학부모나 기업이나 사회가 갖고 있는 것이 아니라 서울대를 정점으로 한 유수한 대학들이 쥐고 있었다. 말하자면 학벌 취득으로 변질된 무한대의 소모적 입시 경쟁과 대학서열 구조는 서로 공생 관계에 있다. 아니 대학 체제가 이에 기생하고 있다고 보아야 한다. 입시 경쟁이 치열할수록 자신들의 입지가 강화되는 구조 하에서 유수한 대학들은 아무런 선제적 조치를 취할 동기가 없다. 그저 신경 쓰는 척하면서 밀려오는 학생들 앞에서 어깨에 힘이나 주고 전형료나 듬뿍 받아서 교수들 입시수당이나 두둑이 안기면서 생색이나 내고 있지 않은가.

한장관은 이러한 대학들과 정면승부를 벌여야 했다. 차라리 유수 대학들의 총장들을 만나 길게 보면 제살 깎아먹기인 이런 입시 경쟁을 끝내보자고 읍소하는 편이 더 효과가 있을 것이었다. 특히 서울대 문제의 핵심이 바로 '국가학벌'이라는 점에 있다는 것을 포착하지 못했다. 필자의 책을 열심히 읽으셨다는데 이에 관한 부분은 별로 관심이 가지 않은 것 같다. 이런 부족함에도 불구하고 교육부의 수장으로는 처음으로 '학벌' 문제를 공론화한 공은 인정해도 좋으리라. 역사의 발전은 한 번에 도약하는 것은 아니라고 자위하면서.

이런 점에서 서남표 카이스트 총장이 사교육 문제에 대해 대학의 책임을 통감한다며 이 문제는 대학만이 풀 수 있다며 치고 나온 곳은 신선하다. 전형요강을 발표하지도 않을 것이고 매년 방법을 바꿔가면서라도 사교육이 끼어들지 못하겠다고 했다. 사교육으로 닦인 점수가 아니라 잠재력과 가능성을 보고 무시험으로 뽑겠다는 그의 발상은 오랜 미국 대학의 책임자로서의 문제의식이 녹아나온 것이리라. 그로부터 시작되어 봇물처럼 터진 입학사정관제의 확대는 너무 앞서가는 것이 아니냐는 우려를 낳을 정도가 되었다.

많은 시행착오가 있을 것이다. 그러나 우리 교육이 성적과 석차의 '물신숭배'에서 벗어나 인간능력의 다양성과 잠재성의 발견이라는 교육 본연의 가치를 회복해나가는 첫 걸음이라고 보고 싶다. 필자는 이러한 시도가 인간에 대한 도구론적, 기계론적, 유물론적 관념에서 벗어나 인간의 존엄성을 인식하는 근본적인 가치관의 전환이 이루어지는 계기가 될 것이라고 믿는다. 우리 '미개한' 기성세대가 자라나는 우리의 후손들에게 '공부'나 '시험'이라는 이름으로 가하는 억압과 폭력의 죄과는 얼마나 큰 것인가를 생각하면 이 밤도 편히 잠들 수가 없다.

이범의 《교육특강》: 사립대는 믿을 수 없다?

〈한겨레〉 등에 날카로운 교육 칼럼 등을 쓰며 자칭 교육평론가로 나선 이범 씨의 베스트셀러인 《교육특강》(2009)을 보자. 이 책에 나타난 우리의 교육 문제에 대한 그의 진단과 처방은 대부분 정확한 것이고 일정 수준의 이론적 배경을 갖고 있다. 무엇보다 이 책의 강점은 저자인 이범 씨가 학원가의 이른바 '스타 강사'로 사교육의 최전선에서 일해 본 경험이 바탕이 되어 있으며, 동시에 사교육에 매몰된 우리 교육의 현실을 구체적인 데이터와 예증을 들어 분석해낼 수 있는 균형 잡힌 안목과 교육에 대한 이해가 깔려있다는 점이다. 예컨대 이른바 '고려대 사기극'이라는 이름을 붙여 고발한 명문 대학의 사기행각, 대학서열화와 고교서열화의 맞물림 현상, 사교육과 금융자본의 결합 등등의 내용들은 사교육 일선에서 밀착해 관찰한 저자의 분석이 돋보인다.

이범 씨 주장의 뼈대를 추리자면 우리 교육이 '사육'으로 전락한 원인은 한국 교육의 양대 문제라고 그가 부르는 선발 경쟁과 학교 관료화다. 선발 경쟁은 대학서열화로 인한 것이며 이는 학벌주의 뗄 수 없는 관계에 있고, 이러한 치열한 대입 선발 경쟁으로 인해 어떠한 교육정책도 먹히지 않고 있다. 학교 관료화는 학교가 교육 기관이 아니라 하나의 행정 기관이 되었다는 것이다. 이로부터 '획일적 교육'과 '무책임 교육'이 나온다고 지적한다. 이범 씨의 지적은 핵심을 파악한 것이라고 본다. 고착화된 대학서열 체제와 성적 지상주의의 획일적인 교육, 아니 사육은 우리 교육의 근본적 문제다.

이범 씨는 이 두 문제에 대한 해법도 제시하고 있다. 먼저 학교 관료화의 해법으로 학교를 관료의 지배에서 해방시켜야 한다고 주장한다. 교사해방 운동, 교사의 승진 및 평가제도의 전면 혁신을 통해 주입식 교육 패러다임에서 벗어나 교사와 학생의 자율에 의한 다양한 교육이 이루어져야 한다는 것이다. 이를 통해 책임 교육, 맞춤 교육 그리고 창의적 교육이 이루어져야 함을 말하고 있다. 학교 관료화의 병폐와 그 해법은 교육당국이 귀담아 들어야 할 것으로, 우리 교육의 패러다임을 근본적으로 바꾼다는 자세가 필요하다. 객관식 찍기의 도사만을 만들어내는 우리 교육의 무가치성 아니 해악성에 대해 통절한 반성이 있어야 한다.

선발 경쟁과 그 원인인 대학서열화에 대한 해법도 제시하고 있다. 대학서열화 문제를 해결하기 위해서는 대학 체제의 개혁이란 거시적 그림을 그려야 한다. 그는 대략 3단계의 해법을 제시하고 있다. 첫 단계는

'사립대 재정공영화'다. 사립대에 국고를 대거 투입함으로써 사립대의 재정을 공영화하여 등록금을 낮추고 사립대의 재정적 기반을 확충해주는 대신, 학생선발 과정에 공적 위원회가 적극 개입하도록 하자고 한다. 국고를 직접 투입하고 학생선발 과정을 사회화하자는 이범 씨의 주장은 자신의 표현대로 상당히 좌파적인 정책이다. 여기서 더 나가 두 번째 단계로서 '국립대 통합네트워크'를 만들자고 한다. 또 사립대 중 원하는 대학을 이 네트워크 안에 적극적으로 편입시켜 사실상 평준화하자는 것이다. 그는 이 안이 과거에 서울대 장회익 교수의 서울대 학부 폐지 및 위탁교육기관화안 그리고 정진상 교수가 정리하여 민주노동당의 공약으로 채택된 '국립대 통합네트워크' 구상에 영향을 받았다고 밝히고 있다. 세번째 단계는 대학평준화다. 선발 경쟁과 학벌주의를 제어할 수 있는 가장 확실한 대안이기는 하나 세계에서 사립대 비율이 가장 높은 우리나라에서 이것이 과연 실현성이 있을까 염려하며 엄청난 노력을 필요로 하는 장기 과제라고 마무리하고 있다.

대학 체제의 개혁과 중등교육의 다양화·자율화라는 두 과제 중 더 근원적인 문제는 역시 대학체제의 문제다. 현재와 같은 서열 체제와 살인적인 선발 경쟁 하에서는 중등교육의 다양화 및·자율화라는 과제를 추구할 공간이 생기기가 쉽지 않다. 오히려 이를 이용한 교육 관료화만이 강화될 뿐이기 때문이다. 흥미로운 것은 '연봉 18억의 스타강사'라는 수식어가 따라 다니는 성공한 사교육자고, 치열한 선발 경쟁의 일선에서 합리적이고 수용할 만한 대안을 제시해온 동시에 당국 특히 이명박 정부의 교육 정책이 실패할 수밖에 없음을 시장의 원리를 근거로 논증해온 그가 대학 개혁 문제에 대해서는 가장 좌파적인 해법을 제시하고 있다는 점이다.

책을 읽으면서 필자는 이범 씨가 '고려대 사기극'이라는 표현을 쓴 것처럼 특히 연세대나 고려대 등 유수한 사립대의 횡포와 이기심, 그리고 비교육적 행태에 매우 분노하고 있다는 인상을 받았다. 그는 학벌주의의 새로운 전개양상으로서 대학서열화와 고교서열화가 맞물려 돌아가기 시작했다는 것을 지적한다. 즉 수시전형의 증가로 종래의 수능점수 커트라인이라는 서열 판정법이 지표로서의 힘을 많이 잃게 되자, 최상위 명문고생 유치 즉 주요 특목고생의 유치 비율이 새로운 지표가 되기 시작했으며 이 새로운 경향에 연 · 고대가 앞장서고 있다고 지적한다. 따라서 특목고생을 유치함으로써 학벌권력을 강화하려는 경향을 노골적으로 나타내고 있는 명문 사립대의 경향에 비추어 기존의 서울대에 집중되었던 학벌권력 논의는 이제 연 · 고대를 중심으로 하는 명문 사립대의 학벌주의로 옮겨가야 한다고 말한다. 이러한 주장의 바탕에는 서울대는 그래도 입시에서 최소한의 정도(正道)라도 지키지만 사립대는 수단과 방법을 가리지 않으며 앞으로 일반화될 입학사정관제 역시 오히려 이들 사립대에 의해 은폐된 고교등급제로 악용될 가능성이 있다는 우려가 자리잡고 있다.

이처럼 사립대와 같이 믿을 수 없고 이기적이고 때론 사기를 치는 집단에게 자율이란 아마 고양이에게 생선 가게를 맡기는 꼴이라고 생각하게 되었는지도 모르겠다. 그렇기 때문에 시장원리의 작동에 민감하게 반응하던 그도 대학 체제의 개혁론에 와서는 일종의 사립대 공영화론에 기울게 되었지 싶다. 일단 그런 방향으로 길을 잡으니 국·공립 통합네트워크안이나 심지어는 대학평준화론도 큰 저항 없이 수용하게 되지는 않았을까 추측해본다.

그러고 보면 대학 체제의 개혁이란 논의의 바탕에는 사립대 즉 민간의 자율과 역량, 도덕성 등에 대한 신뢰의 문제가 깔려있다. 국립이니 공립이니 하는 타이틀에는 어느 정도 신뢰를 줄 수 있지만 민간이란 오로지 천박한 이기심에 따라서 움직이고 따라서 강한 사회적 통제가 필요하다는 사고 말이다.

그러나 필자는 민간 즉 사적 영역의 역량을 불신하는 위에서는 앞으로 나아갈 수 없다고 생각한다. 과거에 우리는 오히려 사회주의국가에서 더 심한 부패가 만연하였음을 실증적으로 체험한 바 있다. 국립이니 공립이니 하는 타이틀이나 공공자금을 갖다 쓰는 시스템 자체가 그 조직의 공공성을 보장하는 것이 아니다. 오히려 그러한 외피 아래서 더 심한 이기심과 무능이 은폐될 수도 있는 것이다. 경제에서는 물론 교육에서도 민간의 활력은 가장 핵심적인 요소이고 그 활력은 자율과 책임이 주어질 때 나오는 것이다. 금융에 공적인 성격이 있다고 해서 언제까지 관치금융을 할 수 없듯이 교육이 백년대계라 하여 언제까지나 관치 교육에 머무를 수는 없는 것이다. 믿고 책임을 맡기고 동시에 사회적 감시의 눈길을 보내는 것이 정도일 것이다.

물론 연·고대 등 일부 명문 사립대의 행적이 때로 눈살을 찌푸리게 하는 것도 사실이다. 교육 단체들로부터 소송의 위협까지 받았던 고려대의 입시처리라든가, 연·고대 경영대의 천박한 비교 광고 논란, 김연아 선수를 둘러싼 고려대의 몇 가지 해프닝 등. 그러나 중요한 것은 제도적으로 다수의 사립대학들이 선의의 경쟁을 벌일 수 있도록 장을 만들어주는 것이다. 즉 이범 씨가 말하는 학교 관료화의 탈피는 중등교육의 현장만이 아니라 고등교육의 체제와 질서 정립에 더욱 절실히 필요하다. 사립대들도 개개인과 마찬가지로 양면성이 있다. 잘나가는 학생들을 유치해 사회에서 조금 더 명문이라는 소리를 들으며 어깨를 우쭐하고 싶은 속물적 마음도 있고, 한편으로는 소외된 계층에 대한 배려 등 교육적 가치의 발현을 통하여 진정으로 존경을 받고 싶은 고상한 욕망도 있을 것이다. 사회의 감시와 격려를 통해 이들이 진정으로 존경받고 권위 있는 교육 기관으로 발전할 수 있도록 하는 것이 진정 우리가 추구해야 할 방향이 아닐까. 공적인 감시와 규율로는 최소한의 정의를 달성할 수는 있지만, 민간의 자율과 창의성을 기반으로 삼는 체제는 정의를 넘어 효율과 풍성함에 이를 수 있는 길을 열기 때문이다.

박성숙의 《꼴찌도 행복한 교실》: 독일 교육은 구원의 길인가?

박성숙 씨가 지은 《꼴찌도 행복한 교실: 독일을 알면 행복한 교육이 보인다》(2010)의 책 뒷면에는 필자의 추천글이 인쇄되어 있다.

'공부 잘해서 좋은 대학가는 것'을 지상목표로 하여 질주하는 증기기관차와 같은 우리 교육의 현실에서 볼 때 독일교육은 또 다른 극점에 서 있다. 현지에서 10여 년간 두 자녀를 직접 학교에 보낸 부모만이 알 수 있는 여러 사례를 들어가며 독일교육의 일상과 그 바탕에 깔린 사고방식 등을 소개하고 있는 이 책은 우리에게 교육이란 무엇인지 근본적인 발상의 전환을 자극한다.

박성숙 씨의 마무리 표현대로 한국과 독일은 교육에 관해서는 가장 극과 극의 길을 걷고 있는 듯하다. 극단적이라는 것이 교육적으로 긍정적인 표현은 아니지만 현재 확실히 한 극단에 서 있는 우리 교육에 비추어 다른 쪽 극단에 서 있는 독일 교육의 사례는 하나의 중화제로 좋은 자극이 되고 있다. 또한 올바른 교육이 무엇인가라는 철학적 입장에서 판단해 볼 때 독일의 교육이 교육 본연의 모습에 더 접근해있다는 것도 부인할 수 없다.

이런 점에서 저자가 경험한 바를 옮기고 있는 독일 초·중등교육 현장의 여러 사례들은 때로 우리를 부끄럽게까지 만든다. 김나지움 13학년까지 결코 석차를 매기지 않는 등수 없는 독일 성적표 이야기, 최우수 점수인 1점보다는 다음 단계인 2점을 가장 이상적인 점수로 여기는 사회, 선행 학습은커녕 예습을 '선생님 무시 행위'라고 보는 학교, 학생이 스트레스 받을까 시험 날짜를 비밀로 하는 학교, 과외 공부는 지진아만 하는 것으로 생각하는 사회 등. 결국 교육이 소수의 우등생을 위한 것이 아니며 수업을 따라오지 못하는 아이들에게 더 관심을 기울여야 하는 것을 교사의 주된 임무로 여기는 철학이 독일 교육에는 자리 잡고 있다.

경쟁보다는 더불어 살며 남을 배려할 줄 아는 인간을 기르고자 하는 인성 교육, 5지선다형이나 단답형의 시험을 거부하고 생각하는 능력을 기르는 탐구형 수업을 당연시하는 교육, 아이들에게 최대한 경쟁심이나 압박감을 주지 않으려는 배려 등 독일 교육의 바탕에는 교육이란 가장 인간적이어야 한다는 인본주의적 사고가 깔려있는 것 같다. 이런 점에서 가장 비인간적인, 학교나 부모나 대학이나 학생들을 장기판의 졸

정도로 여기는 우리 교육의 현실은 반성하고 또 반성해야 할 것이다.

아마도 1970-1980년대의 치열한 입시 위주의 한국교육을 경험했을 책의 저자는 시험이 끝날 때마다 전교 1등부터 100등까지 게시판에 붙여놓는 야만적 상황을 상기하며, 자신이 두 아이의 엄마로서 경험한 독일 교육은 하나의 행운이었으며 최선의 교육 환경이며 그토록 갈망해왔던 개혁의 고지가 아닐까 하고 머리말에서 적는다. 그러나 마무리에서는 두 나라의 교육의 장점들을 적당히 섞을 수 있다면 가장 이상적인 모델이 탄생하지 않을까 하며 독일 교육에 대해서도 다소 유보적인 입장을 보이고 있기도 하다.

독일은 유럽 국가들 중에서도 제일 부강하고 큰 나라이지만 문화적 측면에서는 조금 이질적이고 특수한 면이 있다. 우선 독일은 처음으로 나라를 이룬 것이 불과 1871년 철혈재상 비스마르크에 의한 통일로 제2제국이 성립하면서부터였다. 그때까지 독일은 이른바 신성로마제국이라는 타이틀 아래 수많은 영주들이 중심을 이루는 지방 정권의 느슨한 연합체였다. 이것은 독일이 오늘날 어느 나라보다도 지방자치가 강한 연방국가가 된 이유이고, 반면 독일이 주위의 프랑스나 오스트리아 등 강대국들에 의해 설움을 겪으며 30년 전쟁 등 많은 전쟁의 전쟁터가 된 이유이기도 하다. 또한 독일은 근대에 들어오면서 군국주의적 성향이 강한 프로이센 중심으로 통일을 이루면서 시민사회의 발전과는 거리가 먼 권위주의적 관료주의 모델의 발전을 추구해왔다. 이러한 역사적 바탕에서 독일인의 오래된 원한을 풀어줄 수 있는 그리고 독일 국민이

온 몸을 바쳐 따를 수 있는 지도자 히틀러가 등장할 수 있었다.

사실 제2차 세계대전 이후의 독일은 히틀러를 빼놓고는 생각할 수 없다. 철학과 음악과 시인의 나라에서 어떻게 그러한 악마적 인물이 나올 수 있었는가는 끊임없는 논쟁과 탐구의 대상이지만, 어쨌든 독일 국민은 히틀러가 부과한 원죄가 너무나 무거워서 그로 인한 정신적 외상으로 신음해오고 있다. 모든 것이 조심스럽고 끊임없이 독일인은 누구인가 자문해야 하는 삶을 살아왔다. 저자도 '히틀러를 비판하며 크는 아이들'이라는 꼭지에서 설명했듯이 5, 6학년만 되면 아이들은 히틀러와 제2차 세계대전을 배우면서 자신의 할아버지 세대의 잔혹했던 기억을 되새기고 있다. 그래서 한 학생이 학교에서 '우리 독일인'이라고 말했다고 교사가 기겁을 하며 독일인 앞에 '우리'라는 말을 절대 쓰지 말라고 했다는 에피소드를 이해할 수 있는 것이다.

이러한 독일의 특수성이 반영된 교육제도로서 이 책에서 읽어낼 수 있는 몇 가지를 들어보자. 첫째로 초등학교 4학년에 진로를 결정하는 조기분류 시스템이다. 4학년 1학기까지의 성적 및 여러 사정을 고려하여 줄곧 담임을 맡았던 교사가 학생을 세 등급으로 나누어, 대학 진학을 염두에 둔 김나지움에 갈 학생, 직업학교인 레알슐레에 갈 학생, 그리고 거기도 안 되면 하우프트슐레에 갈 학생으로 진로를 정해준다는 것이다. 독일의 학부모들은 불만이 있어도 거의 교사의 판단을 믿고 따른다고 한다. 이에 대해서는 독일 교육의 예찬자인 저자도 선뜻 동의하기 어려워하는 듯하다. "자라나는 아이들은 특히 환경에 의해 모든 사고와 지적 발달도 제한될 수 있는데 이렇게 이른 결정은 자칫 한 인간의 능력을 완전히 잘못 판단할 위험성도 있지 않는가? 이 나라의 상급학교 진학시스템은 그런 아이들의 기회를 일찌감치 빼앗아버린다는 생각이 들 정도로 문제가 많아 보인다"고 저자는 적고 있다. 그러면서 저자의 멘토 격인 스테판 교사의 얘기를 들려준다. 40년 교사 생활 중 가장 보람 있었던 것은 성적으로는 김나지움에 올 수 없는 아이인데 규칙을 어기고 학부모의 간청을 들어주어 자신이 교감으로 있던 학교에 입학을 허가해주었고, 그 아이가 지금 대학 교수가 되었다는 것이라고 한다.

필자는 아홉 살짜리 어린이들에 대한 이 선별 시스템이 독일 교육철학의 또 다른 면을 잘 보여주고 있다고 생각한다. 바로 개개인의 존재의미는 사회에서 자신에게 적절한 역할을 맡아서 그 직분에 충실하게 사는 데 있다는 사고이다. 그리고 그 사회의 기성세대에게 각자의 적절한 역할이 무엇인가를 판단할 권한과 능력이 있다는 것이다. 아마 이것은 독일의 오랜 전통인 직업교육 제도와 맞물려 있기도 하다. 독일 사회에는 직업을 일찍 선택하고 도제식으로 장기간 훈련을 받음으로써 그 분야의 장인이 되는 이른바 마이스터 시스템이 정착되어 있다.

그러나 오늘날 이러한 독일식 조기 분류 시스템이 여전히 유효한 것인지는 상당히 의문이다. 오늘날에는 직업의 세계가 빠르게 변하고 있고 일이십년 전만 해도 알지도 못하던 새로운 직업이 탄생하는가 하면 인기 있던 직업이 오히려 외면당하기도 한다. 개개인도 하나의 직업을 정해서 일생을 살기보다는 수시로 직업을 바꾸어가며 환경에 적응해나가는 것이 중요하게 되었다. 그렇기 때문에 적어도 청소년기까지는 가능한 한 트랙을 나누지 않고 전인교육을 시키는 가운데, 개개인이 스스로 자기의 적성과 흥미를 터득하고 진로를 모색해나가도록 돕는 것이 더 바람직한 것인지도 모른다. 또한 개인의 '자유로운 인격의 전개'를 기본권의 으뜸으로 정하고 있는 독일 헌법(제2조 제1항)의 정신에서 본다면 자기의 판단과 경험이 축적되지 않은 상태에서 타의로 인생의 큰 방향이 결정된다는 것은 개개인을 사회를 돌아가게 하는 하나의 톱니바퀴로서 도구화시키는 면이 있다고 볼 수밖에 없다. 독일 사회에서도 많은 문제제기가 있기는 한 모양이지만 오랜 기간에 걸쳐 정착된 제도라 쉽게 바꾸지 못하는 듯하다.

둘째로 저자는 독일의 평준화된 대학 제도를 몹시 부러워하고 있다. <사교육을 잠재우려면 명문대가 없어져야>라는 꼭지에서 저자는 독일의 초·중등교육이 경쟁에서 완전히 벗어날 수 있는 기저에는 철저히 평준화된 독일의 대학 체제가 있기 때문이라고 보고 있다. 독일의 대학평준화 체제도 여러 역사적인 토대가 있어 정착된 시스템이다. 우선 독일은 교육 영역에서 사적 주체의 영역을 인정하지 않는다. 존 듀이같은 교육철학자는 이를 국가의 교육 독점을 확립한 경우로 전체주의적이라고 비난한다. 또한 오랜 지방분권의 역사와 600년이 넘는 중세 대학의 역사가 결합하여 각 도시나 지역마다 대표적인 하나의 대학이 정착되었다. 이런 평준화 체제도 장단점은 있게 마련인데, 근래 독일 정부에서도 '아젠다 2010'이라는 프로젝트 아래 각 분야별로 선도적인 명문 대학을 지정하여 막대한 금액을 차등적으로 지원하고 있다. 일정 부분 경쟁체제의 필요성을 인정하기 시작한 것이다.

우리의 경우는 해방 후 국립서울대를 세운 것 이외에는 고등교육을 민간에게 완전히 개방하여 어느 나라보다도 고등교육에서 사립의 비중이 높은 나라가 되었다. 이들 사립대학들은 우골탑 소리를 들어가면서도 사회의 자원을 동원해 교육의 질적 · 양적 확장을 견인해왔고 나름대로 치열한 내부의 경쟁도 겪어왔다. 이런 현실에서 독일식 대학 평준화라는 안이 무엇보다 현실성이 떨어진다는 것은 길게 논할 필요는 없을 것 같다.

셋째로 독일 교육은 정신적으로 히틀러 또는 나치가 남긴 상흔에서 자유롭지 못하고 억눌려있다. 책에서 독일의 노 교사는 말하기를 "인격교육만을 중시하고 경쟁을 죄악시하는 제2차 세계대전 이후 교육계의 분위기가 학부모의 교육에 대한 지나친 무관심과 소극적인 분위기 그로 인한 학력 하향 현상까지 이어지고 있다. 현재 독일 아이들은 스트레스가 없고 자유가 넘치는 생활을 하고 있지만 그로 인해 나타난 저하된 경쟁력을 어떻게 해결하느냐가 교육계가 당면한 가장 큰 문제"라는 요지의 발언을 하고 있다. 또 다른 독일 교사는 "제2차 세계대전 당시 독일의 과학과 기술은 최고의 위치에 있었으나 인간적인 사고의 수준이 거기에 미치지 못했기 때문에 아우슈비츠에서와 같은 대학살이 이루어질 수 있었다. 이런 혹독한 경험을 바탕으로 독일인은 사고의 깊이와 인성이 고양되지 않은 지식인을 키우는 교육을 가장 경계하게 되었다"고 한다. 본래 극단적인 성향인 독일인들은 나치의 어두운 유산 밑에서 또 다른 극단의 사고의 위축과 경계의 길을 걸어왔다. 이러한 불균형의 사고는 다시 또 어떤 극단의 길을 걸어갈지 모른다.

정리하자면, 그 근원이 어디에 있든 독일의 초·중등교육에서 나타나는 인간적인 교육은 우리의 비인간적이고 도구적·기계론적 인간관에 기초한 교육의 가장 좋은 스승임에 틀림없다. 그러나 동시에 독일의 교육이 모든 면에서 모범이 될 수도 없다. 모든 사회는 저마다의 누적된 역사와 경험의 한계 속에서 그러나 논리와 이성이 요구하는 더 나은 방향으로 힘겹게 한걸음씩 앞으로 내딛을 뿐이다.

어느 '진보적 근본주의자'와의 대화

〈한겨레〉 2004. 12. 7.

학벌주의를 어떻게 넘을까. 수능 부정으로 학생들이 줄줄이 덜미를 잡힌 지난 주, "너희도 피해자"라는 '동정'과 "너희 때문에 다른 학생들이 피해본다"는 '분노'의 시선이 얽혔다. 두 시각 모두 공유하는 건 한국 사회에서 학벌과 대학입시가 삶에 얼마나 큰 영향을 미치는지에 대한 인식이었다. 《한국의 학벌, 또 하나의 카스트인가》를 쓴 김동훈(45) 국민대 법과대학 학장과 《국립대통합네트워크-입시 지옥과 학벌 사회를 넘어》를 낸 정진상(46) 경상대 사회과학연구원장이 〈한겨레〉에서 만나 학벌주의를 해결하는 방법을 고민했다. '학벌주의 문제 있다'는 덴 한 목소리였지만 제시한 해결 방법은 반대였다. 김 교수는 국립대를 민영화해 공정하게 경쟁하게 해야 한다고 주장했고 정 교수는 적어도 국립대를 평준화해 공공성을 살려야 한다고 밝혔다.

김동훈 "국립대 민영화해 공정경쟁 허가해야"

정진상 "국립대 평준화해 공공성을 살려야"

몰랐다. '학벌 없는 사회'와 '학벌 없는 사회 만들기'는 다른 단체였다. 김 교수는 '…만들기'의 사무처장을 맡고 있고, 정 교수는 '… 사회'와 주장이 같았다. 헷갈려서 두 단체에 잘못 전화했다가 무안했다. 토론회 장소에 나타난 두 사람은 차림부터 사뭇 다른 분위기였다. 김 교수는 깔끔한 양복이었고 정 교수는 생활한복을 입고 있었다.

정진상(이하 정) 보통 수능 부정이 광범위하게 벌어진 원인으로 크게 두 가지를 지적합니다. 하나는 객관식 시험이지요. 다른 하나는 단판 승부라는 점을 들 수 있습니다. 19세에 치르는 객관식 수능시험 한 번으로 모든 게 결정이 나니 학생도 학부모도 모든 수단을 동원해 거기해 집중할 수밖에 없다는 거죠.

김동훈(이하 김) 이번 수능 부정 사태는 결국 대학 입학을 국가가 관리하는 체제의 한계가 드러난 거라고 봅니다. 대학 입학은 기본적으로 지원자와 대학 사이의 사적인 계약이라는 점을 분명히 해야 합니다. 사적인 계약에 국가가 간섭할 필요가 없죠.

정 입시 무한 경쟁의 구조적인 요인을 분석해야죠. 한마디로 대학서열 체제가 문제입니다. 200여 개 대학들이 서울대를 정점으로 연 · 고대, 수도권대, 지방대, 전문대 이런 식으로 획일적인 서열을 이루고 있다는 겁니다. 그렇기 때문에 60만 명 학생들이 무한 경쟁을 할 수밖에 없죠. 입시 방법의 개선만으로는 풀 수 없는 문젭니다.

김 학벌주의를 지적하시는 것 같습니다. 특정 대학 입학이 출세를 보장하는 맹목적인 신념 말입니다. 흔히 학벌주의를 간판주의니 서열주의니 파벌주의라고 비판합니다. 그런데 사실 간판을 보고 평가하는 것은 어느 정도 물리적으로 불가피한 면이 있어요. 명문 대학에서 4년 동안 명문답게 교육시켰을 것이라고 믿어주는 겁니다. 서열도 어느 사회나 민간의 자율적인 경쟁 체제에 맡겨두면 생기게 마련입니다. 파벌은 폐해가 심합니다만 같은 대학 나와 더 친밀하고 그룹을 이루는 건 불가피한 측면이 있습니다. 학벌주의 문제를 의식 개혁 차원에서 근본주의적으로 접근하는 것은 호소력이 떨어진다고 생각해요.

정 학벌주의와 능력주의는 구분되어야 해요. 우리나라의 학벌주의는 미국과도 굉장히 다르죠. 미국에서 하버드를 나와 인정받는 정도와 우리나라에서 서울대를 나와서 인정받는 정도는 다른 것 같습니다. 우리나라에서 학벌은 대학에서 얼마나 좋은 교육을 하느냐와 연관되는 게 아니라 입학 당시 성적에 따라 규정되죠. 예를 들어 지방 국립대와 서울의 사립대를 비교하면 학교 시설은 물론이고 교수질도 지방 국립대가 전혀 떨어지지 않는다는 게 객관적으로 나타났는데도 서울에 있는 사립대의 학벌이 높게 평가되죠. 물론 학벌이 현실로 존재하는 한 의식 개혁으로 학벌주의를 타파하기는 힘들죠. 학벌을 생산하는 대학서열 체제 자체를 제도적으로 바꾸는 것이 절대적으로 필요합니다.

김 학벌주의의 근본적인 기반이 대학의 서열 체제라는 진단엔 동의합니다. 하지만 유럽처럼 대학이 공립 체제가 아니라면 미국이나 일본에서처럼 서열이 생기는 건 자연스럽죠. 그런데 우리의 경우 문제가 되는 건 서열이 고착화돼 있다는 겁니다. 해방 뒤 50년 동안 크게 변하지 않고 서울대 인기 학과를 정점으로 피라미드를 이루고 있죠. 분야별로 나눠진 것도 아니고 대학이 하나의 브랜드가 됐어요. 대학별 학과별로 지나치게 세분화돼 예각의 피라미드를 만들고 있는 거죠. 유수한 사립대에 진학하고도 서울대에 가려고 재수도 해요. 대학 서열 체제 자체가 문제라기보다 서열 체제를 긍정적인 것으로 변화시켜야 한다는 거예요. 고착화된 서열을 대학들의 노력을 반영한 유동적인 것으로 만들어야 한다는 거죠. 미국은 매년 평가에 따라 분야별로 순위가 변해요. 막연한 브랜드가 아니라 분야별로 특화되어야 해요. 예각의 피라미드를 최소한 사다리꼴로 완화해서 미국의 아이비리그처럼 일종의 그룹별로 명문군을 형성해야 합니다. 그래야 입시 경쟁도 완화돼요. 지금은 상위권 학생들이 서울대만 바라보는데 만약 10개 대학이 큰 격차 없이 경쟁한다면 경쟁의 압력은 10분의 1로 낮아질 겁니다.

정 명문군을 만든다고 하셨는데 서울대를 민영화 하더라도 서울대 학벌이 계속 유지될 것이고 그러면 명문군이 형성될 수도 없지요.

김 서울대가 압도적 1등인 건 국가의 지원 때문이죠. 유수한 사립대 사이의 차이는 서울대와 연 · 고대의 차이에 비하면 그리 크지 않습니다. 공정한 경쟁의 장만 마련된다면 다수의 사립대 사이에서 활발한 경쟁 체제가 만들어지리라고 믿습니다.

정 대학서열을 유동적으로 만드는 방식으로는 입시 경쟁을 줄일 수 없습니다. 서열 문제를 불가피하다고 그 개혁을 포기하면 우리나라에서 입시 경쟁은 더 치열해질 수밖에 없어요. 서열 체제 자체를 제도적으로 완화 내지 폐지하는 방식을 강구해야합니다. 우리나라에서 대학서열이 획일적이고 극심하게 나타나는 원인에 대한 분석이 필요해요. 저는 한국 현대사의 특수한 경험에서 비롯됐다고 봐요. 하나는 일본 식민지 경험이고 다른 하나는 한국전쟁이죠. 일본 식민지 때 신분 제도가 완화되고 일제가 마련해 놓은 고등교육 체제에 누구라도 진입할 수 있는 형식적 기회가 보장되었지요. 물론 실질적으론 봉쇄돼 있었지만요. 그러다 해방 뒤 교육수요가 폭발했어요. 이때부터 본격적으로 대학이 공부하는 곳이라기보다는 계층 상승의 통로, 출세의 수단이라는 인식이 자리 잡게 됐죠. 대중이 자신들의 삶을 향상시키는 방법은 크게 두 가지가 있을 수 있습니다. 하나는 기존 서열 체제를 그대로 둔 채 개인적으로 상층으로 올라가는 거고 다른 하나는 사회구조를 바꿔 좀 더 평등한 사회를 같이 만드는 거죠. 그런데 해방 직후 미군정과 한국전쟁을 거치면서 집단적인 방식으로 다시 말하면 사회 운동을 통해 사회를 평등하게 만드는 길이 완전히 봉쇄당하게 됐어요. 개인들이 대학 입학이라는 자격증을 취득해 계층 상승을 하는 통로만 열려 있었죠. 이것이 엄청난 교육열로 나타났어요. 서울대를 정점으로 한 대학서열 체제는 이렇게 해서 형성된 것이죠.

김 정 교수님 말씀은 지나친 교육열의 원인에 대한 설명은 되는데 대학서열이 어떻게 만들어졌는지에 대한 설명으론 부족한 것 같습니다. 원인은 말씀하신대로 일제의 유산이죠. 고등교육에 대한 국가의 관리체제라고 할 수 있어요. 일본은 근대화를 수행할 관리를 양성하기 위해 국가가 직접 대학을 세웠죠. 서울대의 전신인 경성제국대학도 그렇게 만든 겁니다. 제국대학령 1조를 보면 '대학은 국가의 수요에 부응하는 학술과 기예를 양성함을 목적으로 한다'고 돼 있어요. 1918년 사립학교를 허가했지만 국립 우위 체제에서 사립의 구실은 활발하지 못했어요. 이러한 일본식 고등교육 관리체제가 그대로 우리나라에 이식됐어요. 국립서울대학, 지방 국립대학은 국가가 책임져 주니까 자연스럽게 정점에 서게 되고 이를 모델로 그 밑에 사립대가 피라미드로 서게 된 거죠. 자연스런 경쟁에 맡겨두면 서열이 고착화되기 힘들죠. 우리나라 10대 재벌 가운데 50년 전부터 살아남아 온 건 거의 없어요. 재벌은 그렇게 부침이 심한데 대학서열은 왜 그렇게 오래 유지될까요? 국가 관리체제라는 외부의 힘 때문이죠. 국가 관리체제가 허물어지고 경쟁이 이뤄지면 고착된 서열은 유동적으로 바뀔 거예요.

김동훈 "서울대 국립의 모자 벗기면 실력 있는 교수들 사립대로 갈 것"
정진상 "서울대 학부강의를 개방해 많은 대학을 서울대로 만들자는 것"

정 국가의 관리 체제가 서열 체제를 만들었다고 하시는데 그건 원인이라기보다 매개라고 봐야죠. 매개가 없어지더라도 원인이 남아있으면 서열이 계속될 겁니다. 서열이 있으면 유동적이건 고착돼있건 입시 경쟁이 있기 마련이죠. 대학서열이 형성된 데는 사회 불평등이라는 구조적 원인이 있습니다. 또 학벌주의 자체가 대학서열 체제를 생산하고 있죠. 처음에 서울대가 최고의 대학으로 자리 잡는 데 국가가 매개 구실을 한 건 틀림없지만 그 뒤에는 서울대 동문과 서울대 자체가 다시 학벌을 재생산하고 있어요. 서울대와 연대, 고대의 경쟁 조건을 동일하게 만들더라도 이미 서울대라는 학벌이 있기 때문에 서열이 유동화 되기 힘들어요. 몇몇 사립대가 좋은 대학을 만들어보려고 집중 투자를 했지만 실패한 사례가 이를 증명 한다고 볼 수 있지요. 고착된 학벌주의 때문이죠. 서울대에 학생이 몰리는 건 국립대라서 등록금이 싸기 때문이 아니에요. 우리나라 대학서열 체제는 전체로 작동하고 있어요. 서울대 다음엔 부산대가 아니라 연 · 고대가 돼 있다는 거죠. 지방의 모든 국립대가 수도권대 아래 서열이 됐고 거기엔 1970~80년대 서울의 경제 집중이 한몫을 했죠.

두 사람은 학벌주의의 원인을 바라보는 시각부터 달랐다. 김 교수는 국가 개입이 자율 경쟁을 방해해 대학 줄 세우기에 한몫하고 있다고 분석했다. 이에 반해 정 교수는 지금은 학벌 자체가 서열을 재생산하고 있고 이를 완전히 흔들지 않고서는 문제가 해결되지 않을 거라고 진단했다.

김 전국 단위로 서울대가 정점에 서는 것과 지역 단위로 지방 국립대가 맏형이 되어 지방사립대를 거느리는 것은 국가 관리라는 동일한 원리가 작동하는 거죠. 지역 단위로 보면 지방사립대가 발전 못하는 건 지방 국립대가 위에 군림하고 있기 때문이에요. 지방 사립대 교수들을 만나면 국립대는 왜 등록금을 덤핑하느냐고 불만을 말하기도 해요. 그렇다고 국립대가 다른 구실을 하는 건 아니고 동일한 경쟁관계인데 말입니다. 일종의 불공정 경쟁을 한다는 거죠.

정 현재 대학서열 문제의 핵심이 뭔지 살펴야죠. 서열 체제의 핵심은 서울대 문제와 지방대학의 몰락이에요. 지방은 국립대나 사립대나 도토리 키 재기입니다. 지방의 모든 인재가 서울에 집중하고 있어요. 서울에는 국립대가 하나밖에 없고 나머지 국립대는 다 지방에 있는데도 서열은 서울 중심으로 형성돼 있어요. 국립대, 사립대 사이의 서열은 부차적이고 더 주도적인 건 서울대, 연 · 고대, 수도권대라는 서열입니다.

김 국립의 사립에 대한 우위와 수도권의 지방에 대한 우위라는 두 가지 요소로 대학서열은 결정 되고 있어요. 서울대가 압도적인 건 두 요소의 중첩 다시 말해 서울에 있는 국립이기 때문이죠. 수도권과 지방의 격차 문제도 중요한 문젭니다. 이건 기본적으로 국가의 정책 과제입니다. 국토 균형발전이라는 큰 문제죠. 서울대가 연 · 고대의 우위에 서는 이유는 국립의 모자를 쓰고 있기 때문이에요. 국립대학을 독립법인화하라는 주장이 나오고 있는데 국가가 손을 떼라는 이야기죠. 국립의 모자를 벗기면 서울대의 실력 있는 교수들이 자연스레 유수한 사립대로 스카우트되어 갈 겁니다. 우수한 교수가 나가버리면 서울대의 위상이 유지될 수 없죠.

정 사물을 기계적으로 분리해 이 측면에선 이런 우위가 있고 저 측면에선 저런 우위가 있다고 나누어 보면 진짜 현실을 보지 못하는 오류를 범하죠. 사물은 총체적으로 보아야 합니다. 학벌주의가 문제의 핵심이지요. 이를 해결하는 데는 상 · 중 · 하책이 있을 수 있습니다. 상책은 평등한 사회를 만들어 학력과 관계없이 모든 사람이 인간답게 살 수 있도록 하는 거겠죠. 하지만 이건 너무 먼 이야기라 현실적인 방안이라고 보긴 힘들죠. 중책은 학벌 사회를 능력 사회로라도 바꾸는 방법을 찾을 수 있어요. 지금은 대학 입학 성적으로 졸업이 보장되고 봉건시대 신분 증명처럼 평생을 따라다니죠. 단 한 번의 시험으로 개인의 운명이 좌우되니 능력을 발휘할 수가 없어요. 이를 해결하는 방안으로 제기된 게 대학평준화, 국립대통합네트워크죠. 마지막으로 하책은 현재 대학서열은 그대로 두되 고교평준화를 통해 내신 성적으로 입학생을 뽑는 방법입니다. 이 세 가지 방법 가운데 가장 현실적으로 접근할 수 있는 건 두번째 중책이라고 봅니다. 지금까지 교육부가 36차례 입시 제도를 개선했지만 전혀 성과를 거둘 수 없었는데 저는 이를 무대책이라고 봅니다. 근본적인 문제를 전혀 건들지 못했으니 입시부정까지 벌어진 거죠.

김 국립대통합네트워크라는 발상은 고등교육을 실패가 뻔히 예견되는 사회주의적 실험의 대상으로 삼는 거라고 봐요. 현재 가혹한 입시 경쟁은 대학 간의 경쟁이 없기 때문에 발생하는 거예요. 입시 경쟁과 대학 간 경쟁의 강도는 반비례하죠. 대학 경쟁이 치열해지면 학생을 고객으로 대할 거예요. 대학의 경쟁력은 경쟁 체제에서만 나옵니다. 우리는 고착된 서열 때문에 대학 간 경쟁 체제가 조성되지 않았어요. 또 우리가 세계화 시대에 살고 있다는 점을 고려해야죠. 지금도 외국어고, 과학고에서 가장 똑똑한 학생들은 서울대를 우습게 여기고 미국 아이비리그로 가고 있어요. 교육 공급자와 수요자의 이동이 자유로운 시대에 우리 내부에서 완결적 체제를 만드는 건 아무 의미가 없습니다. 우리 대학이 세계의 대학과 경쟁할 수 있도록 만들어야 한다는 거죠. 국립대학은 국가의 직영점이고 사립대는 대리점이라는 말도 있어요. 일본이 우리랑 비슷한데 일본학자가 말하기를 일본대학은 문부과학성이 교육사령부가 되어 끌고 가는 거대한 호송선단이고 반드시 동반 침몰한다고 했어요. 이래선 안 되겠다고 해서 일본은 지난해 7월 국립대학법인법안을 통과시켰죠. 89개 대학을 독립행정법인으로 만들어버렸어요. 국립대도 간섭 받지 않고 정부로부터 받은 운영교부금을 자율적으로 사용할 수 있게 됐죠. 또 각 대학의 학장이 운영조직을 만들고, 학과의 편성과 수업료 책정도 결정할 수 있게 됐어요.

정 일본의 국립대독립법인화도 따져봐야 해요. 대학이 최소한의 공적 기능마저도 잃어가고 학문의 자율성이 훼손되고 있다는 평가가 있습니다. 일본식으로 우리 정부도 국립대독립법인을 추진하는 걸로 알고 있는데 안 그래도 취약한 대학의 공공성을 없애는 방향으로 갈 우려가 있다는 거죠. 대학평준화는 모든 대학을 똑같이 만들겠다는 게 아니에요. 대학의 물질적 조건과 입학생을 평준화하자는 거죠. 이게 학생, 교수 등 대학 주체들 간의 경쟁이 일어날 수 있는 조건이라고 봐요. 국립대학 체제에 대해 모든 것을 국가가 관리하는 것으로 생각하는데 그렇지 않습니다. 프랑스, 독일은 국립대학 체제이지만 국가가 간섭한다는 이야기는 들어보지 못했어요. 오히려 우리나라의 사립대학에서 이사장의 전횡이 나타나는 경우가 더 많죠. 대학이 국립인가 사립인가 하는 문제는 대학이 어떻게 운영되는가와는 다른 차원의 문제죠.

김 개인 간의 경쟁뿐만 아니라 단위간의 경쟁도 있는 거 아닙니까? 단위를 무시하고 모든 걸 원자화시키는 건가요?

차분차분 또박또박 말하던 김 교수의 말이 빨라졌다. 자세를 더 자주 바꾸고 말머리가 떨렸다. 정 교수는 김 교수 쪽으로 당겨 앉았다. 손동작이 커져 중요한 단어가 나올 때마다 책상을 살짝 두드렸다. 토론이 뜨거워지면서 두 사람도 조금씩 흥분하고 있었다.

정 학문과 교육의 경쟁이 제대로 일어나지 않는 건 국립대학 체제 때문이 아니라 학벌 때문이에요. 서울대에 입학하는 순간 학생도 공부를 열심히 할 이유가 없어져요. 졸업이 보장되니까요. 지방대에 입학하면 아무리 공부 열심히 해도 지방대 졸업장밖에 못 받으니 또 열심히 안 해요.

김 정 교수님의 주장은 대한민국이 건국을 새롭게 한다면 택할 수도 있겠죠. 하지만 50년 동안 자유민주주의 체제로 흘러온 지금 그런 방안을 사회가 수용할 수 없다고 봐요. 개인과 개인, 교수와 교수가 경쟁하면 되지 않느냐고 하시는데 교육도 조직화된 시스템이 뒷받침되어야 하죠. 그렇기 때문에 단위 대학 간의 경쟁이 우선한다고 봐요. 미국의 유명한 대학들은 기금을 모집해 우수한 교수, 학생도 데려오죠. 대학 간 경쟁이 촉진되지 않은 상태에서 교수와 교수, 학생과 학생간의 원자화된 경쟁은 이론적으로만 가능할 뿐이에요.

정 대학이 주체가 아니라 구성원들 전체가 대학의 주체인 거죠. 대학의 구성원이 연구 많이 해서 프로젝트를 따온다든지 취직을 잘해서 기금이 들어오는 것이지 대학 자체가 행동하는 건 아니죠.

김 구성원의 능력을 결집해 효과를 내는 게 매우 중요해요.

정 민주적 결집이 제일 중요하겠죠. 교수들과 학생이 열심히 공부하는 게 대학이 존재하는 이유의 처음이고 끝 아니겠습니까? 실제로 대학을 평가할 때 교수들이 발표한 논문을 집계하지 그 대학이 모은 기금을 따지진 않아요. 김 교수님의 시각은 시장주의적인 접근이라고 생각해요. 신자유주의적인 교육철학이죠. 하지만 저는 이런 교육철학을 벗어나지 못하는 한 입시 경쟁에서도 벗어날 수 없고 대학의 공적인 기능도 살릴 수 없다고 생각해요. 신자유주의적인 시각에선 대학을 노동력 상품을 생산하는 곳으로 보죠. 양질의 노동력 상품을 생산해 보다 많은 잉여가치를 만들고 자본가의 이익을 대변하는 거죠. 대학부터 초중고까지 교육의 내용과 목표가 시장논리에 맡겨지게 되죠. 이렇게 훈련 받은 인재들이 더불어 사는 공적인 문제에 관심을 쏟기나 할까요?

김 국가가 대학에서 손을 떼면 교육도 부익부 빈익빈이 될 거란 말이 있죠. 하지만 지금 서울대만 보더라도 상층부 자제들이 많이 가고 있어요. 가난한 사람들이 세금 내서 잘사는 아이들 공부하는 데 보조하는 부의 역재분배가 일어나고 있는 거죠. 가난한 사람들에게 고등교육의 기회를 주는 건 국가의 구실인데 국립대의 울타리를 세워놓고 수단껏 여기 들어오면 등록금 덤핑해주겠다는 건 역효과가 있다는 얘기죠. 도움이 필요한 사람들에게 직접 주라는 거예요. 국립이든 사립이든 어딜 가도 등록금을 지원해주는 거죠.

정 대학평준화를 이야기하면 엘리트 교육을 문제 삼는 경우가 많죠. 하지만 국립대통합네트워크를 들여다보면 오히려 엘리트 교육하기에 나은 것이라는 걸 알 수 있어요. 평준화되면 한 대학의 모든 학과에 좋은 교수가 몰릴 수 없으니 학교마다 특성화가 일어날 수밖에 없어요. 예를 들어 대학 열 개가 한 분야씩 잘하는 게 있다고 하면 적성에 따라 학생들이 몰릴 거예요. 7번 대학엔 물리를 좋아하는 학생들이 집중하고 3번 대학엔 생물을 잘하는 학생들이 모이는 식으로요. 모든 대학에 엘리트가 분산되는 거죠. 다양한 학문분야가 있는 평준화를 말하는 거지 기계적인 평준화가 아니에요. 어느 대학을 나온 게 아니라 어떤 과목을 누구한테 배우느냐고 중요하게 되니까 경쟁이 분산되죠. 엘리트 교육은 평준화된 대학 체제 밖에서도 얼마든지 할 수 있어요. 지금도 그런 제도로 과학기술대학 같은 것이 있지 않습니까?

김 결국 국가의 구실에 대한 시각 차이 문제라고 생각해요. 국립대통합네트워크는 가능한 한 사립대도 네트워크에 편입하게 해 국가 관리를 강화하자는 것 아닙니까? 저는 거꾸로 우리나라 교육 문제는 과도하게 국가가 관리하기 때문이고 국가가 손을 떼는 것만으로도 엄청난 개선 효과가 있을 거라고 봅니다. 공정한 경쟁의 장만 마련해 달라는 거죠. 어느 것이 더 쉽겠습니까? 대학평준화와 같은 포괄적 국가 관리체제의 도입은 우리 사회에서 추동력을 끌어내기 힘들어요.

정 국립대통합네트워크에서는 국가가 모든 걸 관리하자는 게 아닙니다. 사립대의 운영의 자율권은 보장하되 다만 시설과 같은 물질적 조건을 비슷하게 하고 학생을 공동선발해서 교육하자는 겁니다. 프랑스처럼 자격시험을 쳐서 합격하면 어느 대학이라도 지망해서 가게 한다는 거죠. 처음엔 관성 때문에 특정 대학에 너무 집중되니까 고등학교처럼 추첨이 불가피할 겁니다. 하지만 2~3년만 지나면 추첨 안 해도 될 거예요. 입학하고 난 뒤 다른 대학에 수강신청을 할 수 있는 네트워크를 열어두는 겁니다. 서울대를 사립으로 바꾸는 건 사태를 악화시켜요. 사립이 되면 서울대의 행동이 더 자유로워지는데 지금 서울대 동문들이 가지고 있는 권력 자원으로 학벌을 강화하려 할 겁니다. 서울대를 국립대통합네트워크 속으로 편입시켜야 해요. 서울대의 학부 강의를 국립대통합네트워크 학생들에게 개방해야죠. 많은 대학을 서울대 수준으로 만들자는 겁니다.

마 무 리

교육열, 어떻게 식힐까?

필자는 우리 교육의 근본적 문제를 과잉된 교육열에서 찾았다. 이 교육열을 어떻게 냉각시킬 것인가 하는 것이 필자의 관심이었다. 어느 분야가 발전하려면 열기라는 것이 결정적으로 중요한 역할을 하지만 교육 분야에서는 거꾸로 이 과열된 열기가 모든 문제의 근원이고 또 모든 개선책을 무위로 돌려버리고 있다.

어느 분야에 열기가 발생한다는 것은 사람들이 그 분야에 어떤 가치를 둔다는 것이다. 그것은 정신적 가치일 수도 있고 또 경제적으로 환산이 가능한 실질적 가치일 수도 있다. 그러므로 이러한 교육열의 전제가 되는 가치의 체계를 허물어뜨리거나 최대한 평가절하 하는 것이 중요하다. 이것이 무슨 의식운동으로 되는 것은 아니겠지만 필자는 최대한 이러한 교육열의 배후에 있는 정신적 가치들이 그렇게 열기를 쏟을 만큼 가치 있는 것이 아님을 논증하고자 했다. 학문, 공부, 대학, 시험, 성적, 학벌, 대학 교수, 자녀 교육 등등의 개념들이 이른바 '숭문주의'적 가치관에서 나온 것으로 실은 상당히 허구적인 가치이며 우리를 미망으로 이끄는, 그리하여 타파되고 극복되어야 할 가치라는 점을 부각하고자 했다. 나아가 교육열에 사로잡혀 투자되는 정신적, 물질적 에너지에 비해 우리의 교육 행위는 산출이 보잘 것이 없어 실질적인 가치도 없는 즉 효율이 매우 떨어지는 행위임을 드러내고자 했다. 필자는 결국 모든 교육의 주체들 그 중에서 특히 실질적인 교육 소비자 즉 돈을 대는 물주인 학부모들이 합리적이고 타산적인 판단으로 맹목적인 열정과 관성위에서 이루어지는 교육열을 냉각시키는 선도자가 되기를 희망한다.

오로지 '공부 열심히 해서 시험에서 좋은 성적을 얻어 서울대에 입학하는' 것을 교육의 최고의 성취로 여기는 교육 현실 속에서 오늘도 '공부'라는 단어는 수십만 청소년들에게 고문의 도구가 되고 있다. 공부가 가장 쉬웠다고 하는 특이한 공부꾼을 제외하고는 말이다. 공부가 새로운 것을 알아가며 호기심을 채우는 게 아니라 온몸을 비비꼬며 잠을 줄이고 자기학대에 가까운 인고의 생활을 견뎌냄을 뜻하게 된 것은 아무리 생각해도 받아들일 수 없는 일이다. 정작 '한국 학생, 과학 흥미에 꼴찌' 따위의 기사가 말해주듯 공부라는 것에 도대체 흥미를 느끼지 못하는, 어찌 보면 대학수학의 부적응자를 체계적으로 양산하는 것은 아닐가. 사람의 지적 에너지는 그 지적 발전단계에 따라 적절한 강도와 방향으로 발산되어야 하는데, 우리 학생들은 워밍업 단계에서 그 에너지를 거의 다 소진하여 정작 본무대에서는 지적 에너지가 고갈된 상황에 이르게 된다. 사실 기숙 재수학원 같은 거의 인권침해에 가까운 감옥생활을 거쳐 대학에 입학하는 학생들이 공부라면 진저리를 치는 것은 당연한 경과가 아닐까. 나는 우리 사회에서 '공부 잘 한다' 또는 '공부벌레'란 말이 부정적으로 사용되어야 한다고 생각한다. 그것은 주어지는 외부압력에 대한 무한한 적응력을 의미하는 것이고 스트레스를 덜 받는 둔감한 성격의 소유자라는 것 정도를 말하는 것은 아닐까. 인재를 찾는 대학들, 그리고 기업들은 정말로 이러한 인재를 원하는가. 그들이 내세우는 창의적이고 도전적인 인재상을 정말로 원한다면 바로 '공부 잘하는' 학생에 대한 평가절하부터 시작해야 할 것이다.

공부를 잘하는 게 문제라는 말은 강조한대로 공부라는 것이 바로 시험공부이기 때문이다. 한 유력 신문에 연재되는 수험생들의 '나의 성적향상기'라는 코너를 보니 이런 경험이 실려 있다. "1학년 때는 추석연휴 때 새 수학 문제집 한 권을 하루 만에 다 풀기도 했어요. 점심 먹고 나서부터 새벽 3시까지 거의 12시간 동안 화장실도 거의 안가고 문제집을 풀었어요. 입시에서 가장 중요한 것은 끝까지 견디는 것이라고 생각해요." 우리 청소년에게 공부란 문제집과의 싸움이라해도 과언이 아니다. 모든 지식의 탐구행위의 의미는 그 대상지식이 문제화될 수 있고 그리하여 문제를 푸는 데 도움이 될 수 있는가라는 한 가지 기준에 의해 판정된다. 시험 대비 즉 객관식으로 문제화 될 수 있는가를 목표로 하는 공부는 모든 대상지식을 파편화하고 박제화하고 희화화한다. 수험생과 출제자는 객관식 시험이라는 한정된 링 안에서 맞붙는 권투선수들과 같다. 그것은 지식의 측정이라는 외피를 덧입은 저급한 숨바꼭질 놀이인지도 모른다. 사회의 기성세대들이 자라나는 청소년들을 세뇌시키는 장치이기도 하다. 아니 기성세대가 학생들을 마치 장기판의 말처럼 소모품으로 사용하는 게임인지도 모른다. 시험에 대한 기성세대의 맹목적 집착의 기저에는 청소년들을 값싼 부속품 정도로 여기는, 또 시험이라는 실험의 모르모트 정도로 여기는 무례함이 깔려있다. 그래서 나는 본문에서 시험에서 벗어나자, 시험을 믿지 말자고 힘주어 말했다.

그렇게 비인간적인 과정을 거쳐 입학하는 '약속의 땅' 대학은 또 무엇이란 말인가. 이른바 교육경제학이라 하여 '대학서열의 경제적 수익'이니 '대학수준이 임금에 미치는 영향'라는 학위논문들이 나오는 것을 보면 이제 사람들이 영양가 없는 학벌간판 보다는 도대체 대학가는 것이 돈으로 환산해서 본전치기라도 되는 것인지에 관심을 가지기 시작했다는 징표 같기도 하다. 여러 통계에 앞서 체감되는 대학 교육의 경제효과 즉 대학 교육이 그에 맞는 취업으로 연결되는 것은 기대하기 힘들게 되었다. 그런데도 대학은 여전히 등록금을 계속 인상하고 엄청난 적립금을 비축해나가면서 원성을 사고 있다. 학생들의 등록금 인상 투쟁도 연례행사가 되어가고 있다. 이제 극심한 실업난이 역설적으로 우리 사회의 대학서열체제나 대학만능주의를 허물고 있지 않은가. 이를 더 가속화시키기 위해서는 이제 교육소비자들이 좀 더 합리적인 선택을 할 필요가 있다. 그리고 대학 교육에 대한 평가절하가 이루어져야한다. 대학이란 돈으로 지식을 사는 지식백화점 같은 곳이고 내가 필요할 때 적절한 가격만 지불하면 되는 곳으로 인식되면 좋겠다.

공부고 시험이고 대학간판이고 무조건 평가절하 되어야 한다. 사람은 현실과 격리된 교육과정을 통해서보다 현실과의 접촉을 통해서 더 빨리 더 깊이 배운다. 쓸데없이 교육과정을 길게 만드는 것은 낭비이고 오히려 사람을 무기력하게 만든다. 우리 젊은이들이 쓸데없이 4년간 늘어질 대로 늘어진 대학교육과정을 이수하는 데 시간과 정력을 낭비하게 해서는 안 된다. 젊은이들의 입직(入職)연령이 더 낮아져야 한다. 웬만한 직장은 고졸 정도로 충분할 것이고 대학교육이 꼭 필요하다고 해도 2-3년으로 단축되면 좋겠다. 그리고 필요를 느끼는 지식은 평생에 걸쳐 배워나가는 낙원 같은 세상이 오면 좋겠다.

우리 사회의 뜨겁다 못해 펄펄 끓는 교육열이 싸늘하게 식는 날을 앞당겨야한다. 아이를 낳을 때 병원에 맡기듯이, 기성세대들도 자녀 교육은 내가 낸 세금으로 운영되는 교육기관에 맡겨버리고 필요이상의 짐을 지려고 하지 말아야 한다. 그저 하늘이 허락한 자식과의 인연을 같이 즐기도록 하자. 동계 올림픽 뉴스에서 기대하지 않았던 선수들이 좋은 성적을 올리고 한 말이 기억난다. "사람들이 관심을 가져주지 않으니 부담감이 없어지고, 한편으로는 뭔가를 보여주어야겠다는 오기도 생겨나더라고요." 그렇다. 이처럼 우리 자녀들도 부모의 무관심속에서 비로소 성숙하고 책임감 있는 존재로서 커가는 것이 아닐까.

이 책을 마칠 즈음 중고등학교 자녀를 둔 한 학부모가 내게 고뇌에 찬 글을 보내왔다. 방학 때 중학생 자녀의 손을 잡고 유명하다는 학원에 들렀다가 끝도 없이 밀려오는 학생과 학부모들, 그리고 심야에 도로를 가득 매운 학생수송 차량을 보고 학원 등록을 포기하고 집에 와서 쓴 글이라고 한다.

저 자신부터 그리고 집집마다 학벌과 공부라는 환상에 쫓겨 아이들을 학원으로 내몰면서 자녀 교육에 전력투구하는 모습이 참으로 딱해 보였습니다. 아마도 우리 부모들이 사교육에 대한 집단적이고 환상적인 신드롬에 걸린 것 같다는 생각이 들었습니다. 부모들이 돈과 시간과 정열을 엄청나게 투자하면서, 즉 자기 자신의 희생을 감수하고서라도 우리 아이들 성적을 올리겠다는, 일류대학을 보내겠다는, 출세시키겠다는, 다른 사람들에게 자랑을 시켜 보겠다는……. 그 심정을 헤아려 보니 저 자신부터 제가 추악해 보이고 참담해지더군요. 우리 사회에는 공부와 학벌에 대한 과도한 집착과 무조건적이고 황당한 숭배풍조가 만연되어 있습니다. 공부 잘하는 아이는 더 잘하라고 학원 보내고, 공부 못하는 아이는 좀 잘해 보라고 학원 보내고. 부모들의 끝없는 허망한 욕심이 아이들을 학원으로 내몰고 있네요. 앞으로 우리들 노후 보장은 스스로 마련해야 하는데, 여윳돈이 온통 애들 사교육에 투자되고 있는 실정입니다. 친척분이 예전에 직장에서 잘 나갈 때에 세 명의 자녀에게 미술이다 국악이다 엄청난 사교육비를 쏟아 부었었는데, 지금은 부인이 다단계 회사에 다닐 정도이니 파산은 시간 문제인 것 같아요. 정말 남의 애기가 아니에요.

그러나 이러한 절망의 한가운데서 서서히 희망적인 조짐도 나타나고 있다. 삼성이나 LG 등은 일찍부터, 그리고 근래에는 SKT, 포스코, CJ 등 우리나라를 대표하는 대기업들이 인재 채용에 종래의 학벌이나 '스펙' 위주의 채용 관행을 과감히 버리고 있다. 기업은 가장 현실적응력이 높은 법이다. 살아남아야 하니까. 기업들이 먼저 학벌이니 토익 점수니 하는 것이 기업이 필요로 하는 인재상을 판별하는 데 별로 효과적이지 못한 지표라는 것을 인식하기 시작한 것이다. 이제 이들은 인재를 종합적으로 판단하기 위해 다양한 방법과 새로운 실험을 시도하기 시작했다. 취업시장에서 인재관 또 인재 판정기준이 변화한다면, 이는 학벌 지상주의에 인도되고 있는 교육 환경에 직접적인 영향을 미칠 것이다. 더 나아가 대학 졸업장이 취업에 아무런 도움이 되지 않고 때로는 방해가 되는 방향으로까지 취업시장이 변화한다면, 장기적으로는 맹목적인 대학 진학을 위한 교육열의 열기를 식힐 수 있을 것이다.

또 한편의 역설적이지만 희망적인 전조는 대학교육의 일각이 허물어지고 있다는 것이다. 이미 서울의 주요대학들도 휴학률이 30%를 넘어서고 있는데 근래에는 대학재학생들의 자퇴가 급격히 늘어나고 있는 것이다. 2009년도에는 전국 대학생 209만명 중 4.3%인 9만여명이 학교를 떠났는데 이 중 절반가량인 4만4천명이 자퇴생이라고 한다. 이른바 SKY대학에서도 매년 수백명의 자퇴생이 나오고 있다. 자퇴의 원인이 무엇인가에 대해서는 아직 분명치 않다. 다수는 다른 학교나 학과에 진학하기 위한 갈아타기일 것이지만 근래에는 경제적인 어려움으로 대학교육을 완주하지 못하고 탈락하는 비율이 높아지고 있고 또 취업전선의 암울함은 여러 어려움을 극복하고 완주할 동인을 제공하지 못하는 면도 있다. 대학중퇴생들이 각종 전문기술학원을 거쳐 취업하는 경우도 늘고 있다. 특히 대학의 취업학원화와 상업화에 대한 반발도 이탈의 원인이 되고 있다. 마침 유수한 대학의 인기학과의 한 학생이 '오늘 나는 대학을 그만둔다. 아니 거부한다'라는 대자보를 붙이고 대학을 떠났다. 현재의 교육체제의 허구성에 직격탄을 날린 이 여학생의 도발적 문제제기는 머지않아 걷잡을 수 없이 일어날 거대한 변화의 파고를 예고하고 있다. 일단 불이 붙기 시작하면 학생들의 이탈은 점점 가속화할 것이고 이것은 대학교육의 의미에 대하여, 그리고 이 대학입학을 약속의 땅으로 믿고 광야에서 밤을 새우는 중등교육의 의미에 대하여 근본적인 반성을 촉구하게 될 것이다.

그러나 교육이란 워낙 관성이 강하게 작용하는 영역이라 상당기간 고통스러운 기간은 계속될 것이다. 끊임없이 이러한 관성에 도전하고 저항하는 깨어있는 노력이 이어진다면 머지않아 우리 세대에서 교육은 획기적인 변화를 얻어낼 수 있을 것이다. 시간은 우리 편이고 시대의 흐름도 우리 편이다. 이 책이 그러한 관성에의 저항을 촉발하는 작은 부싯돌이 되기를 바란다.

KI신서 2393
대한민국 진실 **교육을 말하다**

1판 1쇄 인쇄 2010년 5월 17일
1판 1쇄 발행 2010년 5월 24일

지은이 김동훈 **펴낸이** 김영곤 **펴낸곳** (주)북이십일 21세기북스
기획 · 편집 김정규 **본부장** 이승현
마케팅영업 도건홍, 김남연 **디자인** 씨디자인
출판등록 2000년 5월 6일 제10-1965호
주소 (우413-756) 경기도 파주시 교하읍 문발리 파주출판단지 518-3
대표전화 031-955-2100 **내용문의** 031-955-2707 **팩스** 031-955-2122
이메일 book21@book21.co.kr **홈페이지** www.book21.co.kr

값 14,000원
ISBN 978-89-509-2346-4 03370